紹興縣志採訪稿

5

紹興大典

史部

中華書局

金石拓本

建寧元年八月十日造竹

漢建寧四專出蕭山航隖山今藏徐維則石墨盦

徐氏

漢本初專石藏徐維則石墨樓中

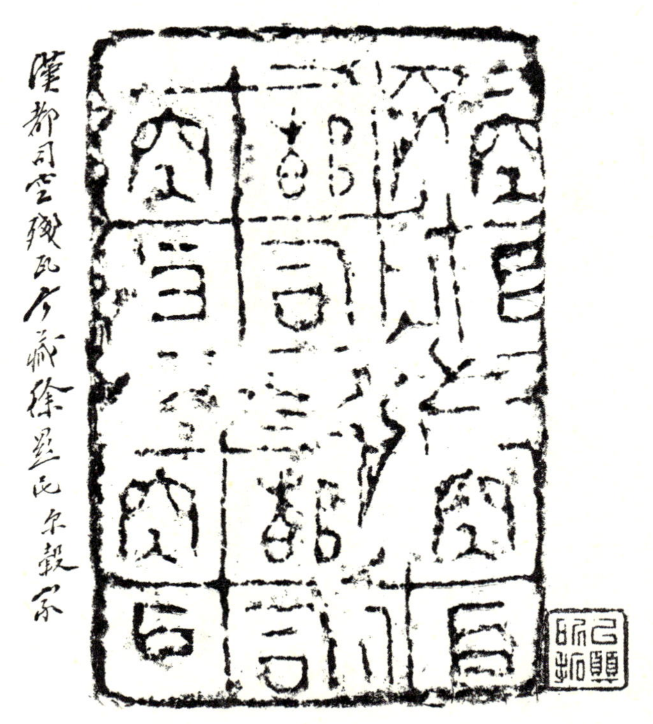
漢都司空殘瓦今藏徐显民尔穀家

後魏神瑞周則銅造象
舊爲查廑白能未來所
藏現歸徐維則石墨庵

永和五年太歲己酉作
清光緒間海塩塘圮處出是甎
今為王君子餘
丁巳十月維則志

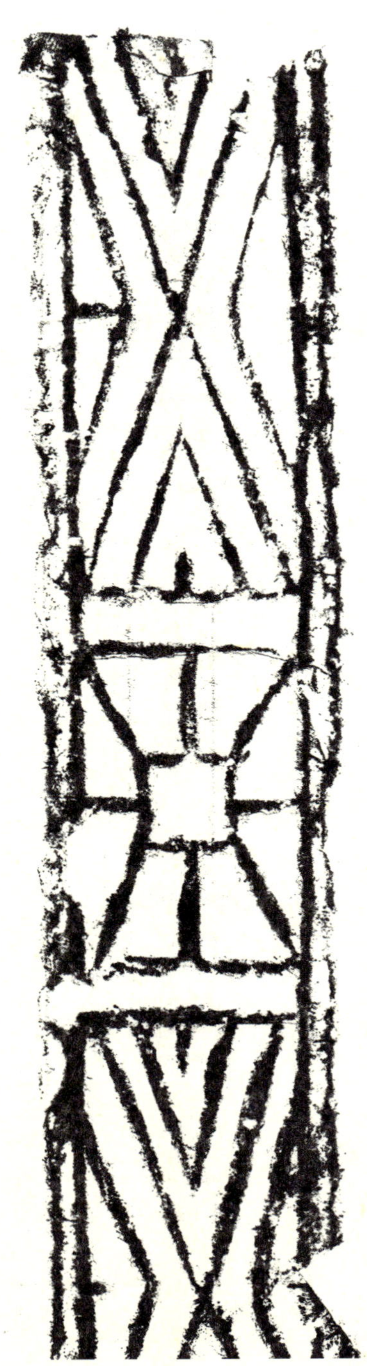

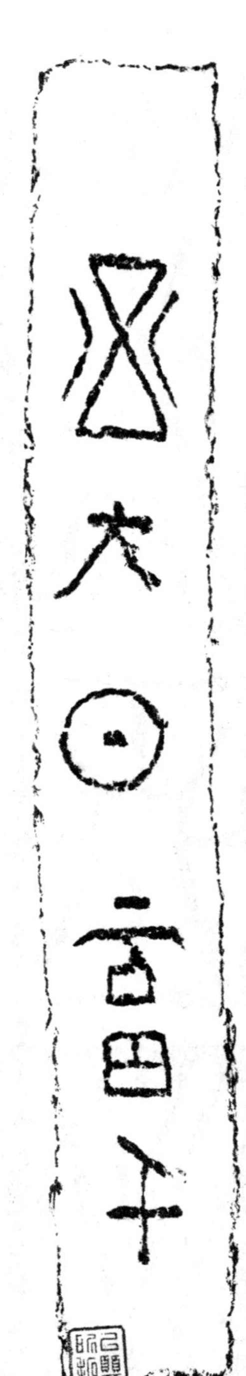

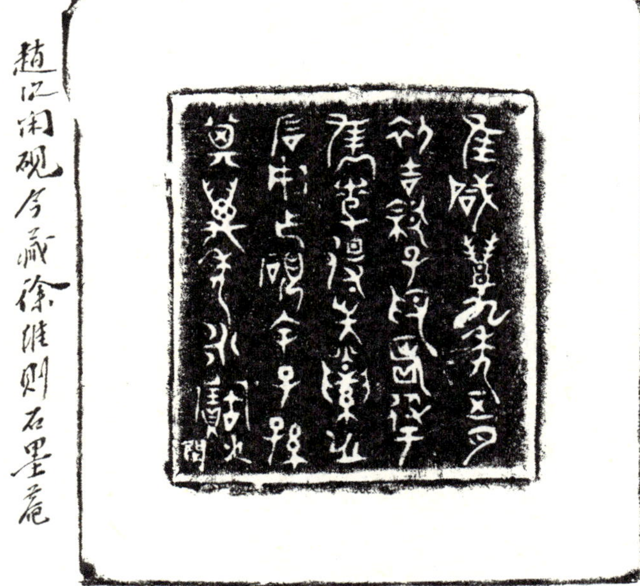
趙㧑叔硯今藏徐維則石墨庵

姚伯昂侍郎硯今藏徐維則石墨盦

知足知止温潤而澤君子用之亂叶貞吉

竹葉亭生姚元之

阮元書
徐

阮文達硯今藏徐維則石墨盦

紹興縣志采訪稿

張學士合葬墓誌銘　學士諱復字以朋

成化九年山陰高同撰　張宗子霞君家來

唐彬書

此石丙辰年二月在嵊陽謝塢邨出土即被開炭石工斷而爲三鋪諸路中十已五月爲內弟陳國賢季才所見出數金易之攜歸洗剔可識者尚及百字後半石已磨滅難盡尋繹亦損泐未見惟干支己巳尚可辨識知爲隋煬帝大業五年查隋祇一己巳也諱超史不載無從詳考官銜龍字下疑爲驤字考隋曾置龍驤將軍書法似董美人誌而秀逸過之予即手拓八紙此其一也

中華民國六年丁巳五月 松島張極元識

金石題識一

目録金石題識

唐戒珠寺陁羅尼經殘幢

唐董昌生祠題記

吴越崇福侯廟記

吴越道士楊政題名

北宋御製至聖文宣王贊并加號詔

北宋陳堯佐題名

北宋張懷寶等題名

北宋高紳等題名

北宋陽明洞投龍簡記

北宋陽明洞射的潭投龍簡記

北宋任布等題名

北宋道士羅拱辰等題名

北宋王信臣等題名

北宋杜杞題名

北宋孫沔等題名

北宋遊小隱山叙

北宋官山界碑

北宋新建廣陵斗門記

越中金石志卷一

漢建初買山題記　刻高六尺三寸廣五尺分二列上列一行二字下列五行行四字隸書徑一尺右首題名一段高三尺六寸廣二尺八寸五行行字不等正書徑四寸

章帝建初元年刻在會稽跳山摩崖

昆弟六人

共買山地

大吉

建初元年

造此冢地

直三萬錢

後一千七百四十八年道光癸未南海吳榮光偕仁和趙

魏武進陸耀遹山陰杜煦杜春生獲石同觀

阮元兩浙金石志右刻近爲山陰杜氏所獲蓋當時買

地劵文也迚是造字省口冢是冢字

春生按是刻在會稽跳山郡城東南五十里萬歷紹興府志云土人傳爲錢武肅王微時販鹽遇官兵跳避此山壁上書大吉字故山名不見於嘉泰會稽志——明人輒採委巷之談據以入志至大吉下尚有題字則不知也其習傳爲武肅者豈當時亦嘗有見錢字者而傅會歟癸未仲夏余偕兄尺莊覓先世葬地偶憩茲山其石高不及二尋迤邐圍十餘丈色黝然而黑土人云有字在石趾剔除苔蘚諦視乃東漢人題記成李特後秦姚萇西涼李暠皆以建初紀年與越中無涉爲自來金石家著錄——所未及者喜踰望外蓋在其前者惟秦泰山殘石十

字琅邪臺八十七字漢五鳳刻石十三字居攝墳壇二十二字永平開褎斜道一百二十字總五種二百五十四字而已石鼓傳爲周刻但無年代可據詢知其地屬村氓以一萬錢購得之時南海吳荷屋夫子康訪浙江莅政餘閒搜羅古刻方以兩浙無漢碑爲歎及見拓本歎未曾有遂手書題名屬勒其旁夫兹刻埋沒荒山已逾一千載無過而問焉者今且爭先快覩求取幾無虛日物之顯晦固自有時哉記文五句凡三用韻古人先韻諸字多讀入真故年錢與人爲韻也石右五尺許又有退思二字正書徑七八寸不詳何代所刻當亦非唐以後者

漢禹陵窆石殘字有字跡處高三尺二寸廣一尺三行行十一字篆書徑二寸五分

年月闕在會稽禹廟

□□日□□□□□王石

□□□斗ㄗ羿□天文日□

□□□□□員□□黄□□

朱彝尊曝書亭集黄岡張編修視學兩浙按部於越拓會稽山禹穴窆石題字見寄請予審定其文予考窆石之制不載于聶崇義三禮圖惟周官冢人之識〔職〕及窆供喪之窆器及窆執斧以涖鄭康成以爲下棺豐碑之屬圖經禹葬于會稽取石爲窆石本無字迨漢永建元年五月始有題字刻于石此王厚之復齋碑錄定以爲漢

刻殆不誣矣石崇五尺在今禹廟東南小阜覆之以亭相傳千夫不能撼及歲在乙酉有力士拔之石中斷部下健兒迭相助及拔陷地纔扶寸爾土人塗之以漆仍立故處載考古之葬者下棺用窆蓋在用碑之前碑有銘而窆無銘驗其文乃東漢遺字趙氏金石錄目曰窆石銘誤也

張希良窆石漢隸考禹陵窆石王順伯金石錄云是漢刻第以歲久模糊難以致辨余庚午典浙試恭謁禹陵瞻窆石時九日微雨風寒見石上隱躍有字欲命工滌而摹之匆匆返櫂未暇也屬親知官此地者搜求皆以無字對心益惓惓不釋今夏校士越州屬部吏往搨之

以意屬讀得二十九字益漢代展祭之文尋其隅角當爲五行行十六字其下截爲元季兵毀依韻求之則其下當闕六字敬譯以俟博物者由是觀之安知無字碑不尚有點畫可尋而耳食相沿無好事者以發其秘可慨也

全祖望鮚埼亭集外編會稽禹穴之字趙德甫稱爲窆石銘而王順伯定爲漢刻是也近人謂其詞非銘體因謂碑有銘而窆無銘不知古人原不定以韻語爲銘孔子書季札墓寥寥十字亦何嘗非銘乎

乾隆紹興府志窆石在禹廟東側南向頂上有穿狀如秤錘惟有玉石并天文等字隱隱可辨據舊志所稱有

楊龜山題名竟剝落無一字矣

王昶金石萃編按窆石題字在石下方字大二寸許金石錄及圖經並以爲永建元年五月所刻而趙氏又誤釋作銘是宋時拓本已不甚了了張氏所讀二十九字其釋文今未得見昶以精拓本驗之惟日年王一并天文晦真九字可辨耳

阮元兩浙金石志按篆文極似天璽紀功碑後檢太平寰宇記會稽縣引輿地記云禹廟側有石船長一丈云禹所乘也孫皓刻其背以述功焉後人以皓無功可紀乃覆船刻它字其船中折據此爲三國孫氏刻審矣嘉泰志稱直寶文閣王順伯復齋定爲漢刻未之得也

按明天順中韓陽重建雯石亭記已云石上遺字歲久模糊難於考辨迄今又四百年僅有數字隱約可見其文亦向無紀錄者金石萃編所辨日年玉一并天文晦眞九字兩浙金石志所辨玉石乾象并天文眞黄九字其不同者四字合之當得十三家字余就精拓本審視則王辨年字未確一字即石字之上畫惟晦字僅存其左之日阮辨象字亦僅存其上之刀然二字皆當不誤共得日玉石乾象并天文晦眞黄十一字較張氏之釋尚少十八字也朱竹坨跋稱歲在乙酉（當指順治二年）有力士拔之石中斷疑係傳聞之譌萬歷府志云元至正末兵變爲所傷折致徐勉之保越

錄至正十九年明胡大海攻紹興以軍寨疫作禱禹陵南鎮不應乃毁其像仆窆石然則石之斷蓋在此時矣

晉楊紹買冢地莂刻高七寸二分廣四寸四分六行行字不等行書徑六七分許

武帝太康五年九月刻舊在府治昌安童氏隸山陰

大男楊紹從土公買冢地一丘東極闞澤西極黄滕南極山背北極於湖直錢四百萬即日交畢日月爲證四時爲任

太康五年九月廿九日對共破莂民有私約如律令

徐渭文長集柳元穀以所得晉太康間冢中杯及瓦券來易余手繪二首券文云云詳玩右文似買於神若今祀后土義非從人間買也二物在會稽倪光簡冢地中於萬歷元年掘得之地在山陰二十七都應家頭之西尚有一白磁獅子及諸銅器銅器出則腐敗矣獅尚藏

光簡家

錢大昕潛研堂金石文跋尾案古人稱分券爲莂若今人合同文字也周禮小宰聽稱責以傅別鄭司農云傅別謂券書也傅傅著約束於文書別別爲兩兩家各得一也鄭康成云傅別謂爲大手書於一札中字別之傅別故書作傅辨鄭大夫讀爲符別辨與別聲相轉其義一也說文無莂字釋名莂別也大書中央中破別之也廣韻莂分契也莂種概移蒔也古者書契多以竹簡故傅別字或从竹隸變作莂與移蒔之莂相混釋氏書往往用記莂字亦取受記作符券之義魏晉以前契券之式傳於今者惟此律即律字

張燕昌金石契莂白沙質外釉霏霏如玉屑按陶穀清異錄葬家聽術士說例用朱書鐵券若人家契帖標四界及主名瘞墓前蓋石若甎表之面方長高不等三尺號曰券臺又金九皋抱甕集皋前地名明堂一名券臺朱子語錄不曉所以後見唐人文集言某朝詔改爲券臺今閱此莂足證券臺之制書法以錐畫沙先後淺深之跡歷歷可驗舊爲徐文長物今藏山陰童二樹鈺家○陸紹曾跋此晉時氏券也狀如破竹陶氏爲之面有兩篘若古之竹簡然高五寸廣三寸八分文六十五言草隸八分相雜六行萬歷初出於山陰古冢中後爲湘管齋祕藏徐文長集其釋文云四時爲任誤作伍九月廿九日誤作廿六日對共破莂誤作破翦按券任

說文任保也釋名莂別也大書中央破別之也卽今市井合同古文爲𠆤周禮爲別說文云別分解也廣韻爲莂分別也分契也又分竹也周禮天官小宰八成聽稱責以傳別鄭注爲大手書於一札中字別之一云傅別券書也類篇爲㭗兵廢切音肺券契也急就章云簡札檢署槧櫝家槧與莂古盖通用想當時契券多書在竹木之上故从竹从木又有从止者是章草分隸之體文長集中傳寫誤耳晉世甄氏遺文流傳絕少唯王獻之保母甎志爲世推重此則更在中令以前尤足寶貴

按此莂今已不知所在據家藏搨本錄之莂文有東極闞澤西極黃滕之語攷三國吳志有闞澤傳澤字

德潤，山陰人，官至太子太傅。茲蓋謂冢地東至澤墓，西至黄滕兩姓之界，非地名也。澤墓嘉泰志不載，此莂出於山陰二十七都，則澤墓當相附近。惜今并楊氏之墓亦無從辨識矣。

晉保母志刻高一尺三寸廣一尺二寸十行行十二字行書徑一寸

王獻之撰并書　哀帝興寧三年十一月刻舊在山陰

黄閍岡

郎耶王獻之保母姓李名意如

廣漢人也在母家志行高秀歸

王氏柔順恭懃善屬文能草書

解釋老旨趣年七十興寧三年

歲在乙丑二月六日無疾而終

中冬既望葬會稽山陰之黄閍

岡下殉以曲水小硯交螭方壺

植雙松於墓上立貞石而志之

悲夫後八百餘載知獻之保母宮于茲土〔者〕尚□□〔焉〕

按此志以宋嘉泰二年春稽山門外農人周姓得於黄閍岡壙中并得曲水小硯背刻晉獻之三字旁有永和二字六月中周以硯饋錢清王畿字千里者畿意其有碑志詢之云塼有字已碎矣明日持前五行來時猶未斷旬日又持後五行來已斷爲三一以支牀上有交螭字者是一爲小兒壘塔上有方壼字者是一棄之他處幸而未毀歸王氏後前半塼又斷爲二塼四垂其三爲錢文皆隱起末行缺二字不可知第六行缺十二字猶隱約可辨硯字劃成甚淺瘦永

字亡其碟和字亡其口石絕類靈壁又似鳳咮甚細而宜墨微窪其中時四明樓宣獻公弟鏞爲錢清煎鹽興僧了供同鑒賞之攻媿題詩所謂三人共爲成勝事也會鏞與同官王大受不協互申倉司大受與韓侂胄壻顧熹善熹諷臺諫劾鏞了洪因入都以塼硯獻於韓鏞事乃白韓以上進詔付秘書省厥後秘府被爇二物莫可蹤跡矣當時摸搨既少入秘府後欲搴者必白監長而後啟緘故傳世頗稀可攷者宋則四明沈省曾有一本元則袁易有一本鮮于伯幾有一本趙子昂有一本子昂同時一詩僧亦有一本其留傳於今者則弁陽周密公謹所藏也元延祐間

周歸白雲方氏天瑞至正間方歸錢唐張氏子英入
明以來展轉而歸墨林項氏子京國朝江村高詹
事得之前摹曲水硯式宋元諸名人多有題識鮑氏
知不足齋錄其全文附刻叢書中四朝聞見錄後其
僧了洪樓鑰二詩平園周必大會稽太守豫章李大
性赤城宋之瑞會稽南明山人黄庭崇奎堂高文虎
番陽姜夔堯章五家之跋係後人重錄於上其周密
鮮于樞仇遠白珽鄧文原龔開盛彪郭天錫湯炳龍
馮子振張雨林彬祖皆有詩趙孟頫龍仁夫杜與可
趙由礽堯岳釋口慶皆有跋張垌呂同老曹彥禮俞
德鄰郭景星張謙胡長孺祝宜孫湯垕羅志仁錢國

衡俞和楊炳李嗣僞皆有題名俱真蹟此外如山陰王易簡玉笥村民王沂孫山陰後人王英孫各有詩然無圖記亦當是後人補録明項元汴　國朝高士奇亦並有跋及詩攷朱竹垞曝書亭集有題崑山徐尚書原一所得之本乾隆府志疑在高詹事所者即此但高氏卷中不載竹垞題語其非徐本可知府志又云近吳門蔣氏亦有一本葢即高氏物今傳是之藏已無可攷則海内所存僅此而已此搏初出惟華亭朱日新力證其僞而明安世鳳亦詆其字不佳語不倫然姜堯章連作十跋反復論辨攷覈無遺且以同時别刻之本拙惡不足亂真益信非王千里所能

假託而朱竹垞亦謂安知世鳳所見非即別本拙惡者乎此志金石萃編從董氏戲鴻堂帖錄入云其文尺寸行欵并缺蝕痕一依原石之舊鉤勒精工當與眞蹟無異蓋在徐尚書高詹事所見之前余攷元蹟十行行十二字文敏改爲十二行行十字割裂增減以就帖石欵式未免截趾適屨之譏余未覩舊拓兩浙金石志云別有專刻余亦未見戲鴻帖志後刻子昂跋則從公謹本摹出無疑今因以著錄而行字更正如元蹟焉至黃閣地名嘉泰寶慶二志未載攷宋王英孫詩有曰名重黃閣九里山黃閣之名不傳而九里則吾鄉今日所稱尚仍其故其地在府城稽山

門外南八九里距禹陵里許

紹興縣志採訪稿

齊石佛像背題字（刻高一尺廣四寸，三行正書徑一寸）

武帝永明六年刻在會稽石佛妙相寺

齊永明六年太歲
戊辰於吳郡敬造
維衛尊佛

嘉泰會稽志石佛妙相寺唐大和九年建號南崇寺會昌廢晉天福中僧行欽於廢寺前水中得石佛遂重建石佛高才二尺餘背有銘凡十八字筆法亦工案會稽未嘗號吳郡（在隋嘗名吳州，在此後百餘年）然此石佛既得之水中又一人可負之而趨者安知非吳郡所造而遷徙在會稽耶按三寶感通錄西晉愍帝建興元年吴郡吴縣松江滬瀆口漁者遥見海中有二人現浮遊水上有奉佛居士吴縣華里朱膺聞之乃潔齋至瀆口稽首迎之二人隨潮入浦漸近漸明乃知石像便舁還通元寺看像背銘一名維衛二名迦葉莫測帝代而書迹分明舉高七尺據是則維衛像本在吴郡通元寺好事者因就其地模造迎歸供養耳尊佛嘉泰志作尊像誤

唐法華寺碑 碑高八尺六寸廣四尺二十三行行五十四字行書徑一寸三分

李邕撰并書　元宗開元二十三年十二月立在山陰

天衣寺

大唐秦望山法華寺碑并序

括州刺史李邕撰并書

昔者法王道開崛山相現會是大事職非小緣順喻孔多證入彌遠故以三界爲宅五濁爲火四生爲子六度爲門一乘爲大車十力爲長者·轉置熱惱之衆延集清涼之都念茲在茲廣矣大矣法華寺者晉義熙十三年釋曇翼法師之所建也師初依廬山遠公後詣關中羅什深入·禪慧尤邃佛乘雖禮數樞衣而名稱分坐與沙門曇學俱遊會

稽靚秦望西北山其峯五蓮其溪雙帶氣象靈勝林壑虛閑比興者闍營卜蘭若毒涅槃食納如來衣專精法華永言寶意感普賢菩薩爲下俚優婆提狮子於竹筐寄釋種於蓬室師以縮屋未可枕展乃明移出樹間延入舍下及杲日初上相光忽臨乘六牙衛八部勝幡虹引妙樂天迎翩僊騰雲遙裔上漢師想望太息沈吟永懷葉公好龍已遇眞物羅漢測佛未了聖心於是苦行自身炯試通夢宛如昔見弥恨前非象勸持經嘗難其語鳥來聽法不昜其人矧乃攝以蜂王吼以師子禮謁者精其裳袂讚歎者合其風雷時太守孟顗以狀奏聞曰以爲寺則知妙法者眞如之正體蓮華者淨道之假名是故崇厥經署于勝入無

量義成不住回至若高僧慧甚邑人陳戴皆踵武投跡傳燈龔明或五柱範堂或七寶規殿立普賢座追連弗藍龍王讓池鷹子疏塔迦羅衛國連至雲山淨明德宮更開日月固足以發慧印啓玄門八位畢臻出家僧應則有持證等觀永蔵同流或慧舉十徵或照明再造或簡文瑞像或武帝香鑪寶鈴迎風珠幡交露僧琭墨意畫長豪之妙光宮女縱功織大身之變相次有陳隨國施州邑吏檀百寶盈於九隅羣經備於三藏所以神鐘警夜保賢聖之天居祥鳥肅賓逗軒蓋之雲集忍辱靈草据萋萋於小壁優曇異花寧灼灼於喬幹故得人天迴首江海回聲芭蕉遇雷倏焉滋茂葵藿隨日至矣勤誠登山而野曠心空浴水而

垢除意淨施及先律師道岸今弟子釋儼並身林久伐禪剃都遺性通七事戎揔八關金杖五分優劣既等繒絲四色功德豈殊甘露有加香油不墜頃者豪州剌史前此邦别乘太原王公名弼法海廣大慧炬融明德立於衷義開於物郅惲致主之節有取投竿葛亮報國之誠不忘草奏夫人武氏佩服眞空干櫓正覺及男緬緒等惟肖二尊克慎三業若行若坐依佛依僧去煩惱之外糖〔糠〕得慈悲之内實起普賢臺一級寫法華經千部廣化人吏大啓津途卽普賢臺立法華社每年二月重會一時且地効其靈山呈其秀有上座正覺寺主道解都維那神慧僧表道賓律師行深慧燈等多材爲林衆器成樂一體和合弁用住持相

與言於王公曰夫名者事之華碑者物之表其或表不立則瞻仰失容名不興則讚述無地願言刻石是用齊山朝散大夫前侍御史今都府戶曹袁公名楚客其皎如日其心如丹負兼濟之雄才託演成之雅意顧慙作者徒使懵然其詞曰

會計南山秦望北寺高僧往還聖跡標寄耆闍比峯法華取義羣公護持歷國檀施陸寶大來海珍揔萃幡影連珠像光發瑞臺壓龍首殿開鳥翅象駕菩薩鳥迎車騎異香馣馞神鍾（鐘）鬍歸松巘蕭疎竹澗蔥翠綱紀有條禪律不墜掾曹正直別乘仁智作爲碑版讚述名字

唐開元十三年二月廿八日建　刻石人東海伏靈芝

周錫珪唐碑帖跋碑重立殊惡陋予見舊搨凡三種上

海潘氏本秀而整貴陽馬氏本肥而華家伯氏伯紀所藏本近于馬而用筆稍縱不知三種誰爲眞者寺廢于會昌彼時再建而再刻碑文明初燬于火至陶文簡復建寺後偶于長安街得一本因以傳刻春生按萬歷府志寺燬于元末再建于洪武六年文簡當日或從而修葺之非至此時始復建也惟碑當是萬歷中覆刻

按法華寺今爲天衣寺唐大中間所改是碑嘉泰志云開元二十三年十二月八日建與此互異趙氏金石錄所載年月與志同且北海題銜括州刺史證之唐書本傳實爲二十三年蓋碑以重刻而誤也基字缺筆避明皇諱萬歷紹興府志云寺後有十峰堂堂之前有唐李邕斷碑石尚存

唐龍瑞宮山界至記刻高三尺廣二尺五寸十二行行十五字正書徑一寸八分

賀知章書　無年月在會稽宛委山飛來石摩崖

宮記　秘書監賀　知章

宮自　黄帝建候神館　宋尚書孔

靈產入道奏改懷仙館神龍元年再置

開元二年　勅葉天師醮龍現　勅改

龍瑞宮管山界至　東秦皇酒甕射的

山　西石簣山　南望海玉笥香炉峯

北禹陵内射的潭五雲溪水府白鶴山

淘砂徑茗隝宮山鹿跡潭葑田茭池

洞天第十本名　天帝陽明紫府眞仙

會處　黃帝藏書磐石蓋門封宛委穴
禹至開得書治水封禹穴
阮元兩浙金石志嘉泰會稽志云龍瑞宫在縣東南二十五里有禹穴及陽明洞天道家以爲黃帝時嘗建候神館于此至唐神龍元年置懷仙館開元二年因龍見改今額又云山巔有飛來石其下葛仙翁丹井山南則葉天師龍見壇棲神乃候神之誤又吳越春秋此山爲黃帝藏金簡玉字之書處有男子自稱蒼水使者禹因之得導水之法云云此記所述皆與諸書合而諸道石刻錄謂刻於開元二年二月則誤以建宫之年爲刻石之年矣唐書賀知章於證聖初擢進士歷官至秘書監

天寶初請爲道士還鄉里書碑當在歸里之後王象之輿地紀勝載此刻而不及其年月是記後本未書年今石上四圍有界線可證也

按是刻阮志作龍瑞宫記余題爲龍瑞宫山界至記者從寶慶會稽續志也記所載秦皇酒甕石至鹿跡潭諸名惟望海不見於志乘輿地廣記云秦望山始皇登之以望東海且正在龍瑞之南是秦望當一名望海而地志遺之賀監歸越在天寶三載史傳稱卒年八十六攷盧象贈別歌序有年八十六而道心益固之語則是年已及其數況肅宗乾元中詔贈禮部尚書使果當年卽逝明皇應早有贈卹疑唐書誤以

辭官之歲爲怛化之年也特肅宗詔内祇稱越州千秋觀道士而不書官記中反署舊銜似非先生遺榮本色寶慶志云不知何人所記是先生於此記僅爲一書或尚在居官之日乎宋志稱宫内有重刻本今宫已久圮碑亦不存予兄菊生丙杰嘗於道藏中鈔得龍瑞觀禹穴陽明洞天圖經一卷因篇帙寥寥難以單行令附錄於後以資考證併存越中文獻之一種焉

龍瑞觀禹穴陽明洞天圖經　鞠七

宋翰林學士李宗諤修定

會稽龍瑞觀在縣東南一十五里即大禹探靈寶五

符治水之所唐神龍元年置懷仙館開元二年勑葉
天師設醮而龍見因改賜今額
會稽山在縣東一十二里揚州之鎮山曰會稽山海
經云上多金玉下多玞石一名衡山輿地志云會稽
山一名衡山其山有石狀如覆鬴亦謂之覆鬴山皇
覽曰會稽山本名苗山越傳曰禹到大越上苗山大
會計爵有德封有功因而更名苗山曰會稽史記封
禪書云禹封泰山禪會稽黄帝玄女兵法曰禹問風
后曰吾聞黄帝有負勝之圖六甲陰陽之道今在乎
風后曰黄帝藏於會稽之山其坎深千尺鎮以盤石
又遁甲開山圖曰禹治水至會稽宿於衡嶺宛委之

紹興縣志采訪稿

神秦玉匱之書十二卷以授禹禹未及持之四卷飛入泉四卷飛上天禹得四卷開而視之乃遁甲開山圖因以治水訖乃緘書於洞穴按龜山白玉經曰會稽山周迴三百五十里名陽明洞天一也唐開元十年封四鎮爲公啟會稽山爲南鎮永興公

宛委山在縣東一十五里遁甲開山圖曰禹開宛委山得赤珪如日白珪如月長一尺二寸吳越春秋曰九山東南曰天柱號宛委承以文玉覆以盤石中藏金簡書以青玉爲字編以白銀禹東巡狩至衡山血白馬以祭之見赤繡衣男子自稱玄夷蒼水使者欲得簡書知導水之方請齋於黃帝之嶽禹齋登山發

石果得其文乃知四瀆之限百川之里遂周天下而盡力於溝洫矣一名石簣山輿地志云宛委山上有石簣壁立干雲升者累梯而至

射的山在縣南一十五里孔曄會稽志云射的山畔有石室乃仙人射堂東峯有射的遥望山壁有白點如射的土人常以占穀貴賤故語云射的白米斛百射的玄米斛千西有石壁室深可二丈遥望類師子口人謂之師子巖即仙人射堂也

箭羽山在縣東一十六里孔靈符會稽記云此山有射的山西南水中有白鶴爲仙人取箭因號箭羽山

鄭洪山在縣東三十里後漢鄭洪字巨君會稽山陰

人也孔靈符會稽記云射的山南有白鶴山此鶴爲仙人取箭漢太尉鄭洪嘗採薪得一遺箭頃有人覓見洪還之問何所欲洪識其神人也曰常患若溪載薪爲難願朝南風暮北風後果然故若耶溪風至今爾呼爲鄭公風亦名樵風

自龍瑞觀以下并山並見越州圖經 臣樞伏覩唐開元以來洎聖宋每年春遣使投玉簡於（放）金龍於陽明洞卽大禹治水藏書之穴也方於治平年間罷此禮

臣樞又伏覩寧州眞寧縣圖經載仙人之事言唐明皇夢身在羅亙與羣仙會尋訪問寧州眞寧縣有羅鄉亙里乃遣使往彼求訪神仙無所得憂惶閒遇一

老人問其所求乃指使者曰隨我行及前忽見老人
化爲白兎入地穴使者隨而掘之獲二十七玉仙人
人各面前有一牌並列姓名得道處若鄭思遠泰山
得道荀安禮華山得道並齎歸京師入内道場供養
備見事實此粗記其略貴亦知其大槩耳政和四年
二月越州特奏名進士勅授灘助教臣葉樞謹記
龍瑞觀禹穴陽明洞天圖經終

唐貞元唐人開山題字刻高三尺四寸廣一尺九寸二行首行五字次行七字正書徑六寸

德宗貞元五年十一月刻在府治興龍山望海亭摩崖

隸山陰

貞元己巳歲

十一月九日開山

按題字在望海亭下亭據臥龍絕頂唐元微之李公垂皆有詩宋刁景純有記然俱不詳其自始今以題字證之似亭當即建於此時考貞元五年觀察使爲皇甫政政涖越十年築海塘造斗門多所興作則開山建亭亦其所有事也嘉泰志引舊經云飛翼樓在州西三里高一十五丈范蠡所築以壓強吳今望海

紹興縣志采訪稿

亭即其遺址此說未足爲據夫使當時已可建樓又安用後人開山爲耶已已嘉泰志作乚已且以爲題名俱誤

唐十哲贊碑碑高七尺三寸廣四尺額篆書十哲贊碑四字横列徑四寸五分碑分三列上中列俱二十行下列十八行行字不等正書徑一寸

元宗御製及源乾曜等撰　元和十年十二月立在紹興府學隸會稽

先師顏回字子淵　制贈兗公

御製

杏壇槐市儒術三千回也亞聖丘也稱賢四科之首百行之先秀而不實得無慟焉

閔損字子騫　制贈費侯

銀青光祿大夫守侍中源乹曜

惟顏亞聖惟閔比德讓寧善辭安親順色口靜無閒中正

是則非。經即禮至孝之極

言偃字子游　制贈吴侯

太中大夫守中書侍郎上柱國盧從愿

文學高口絃歌政聲動則不徑慮乃先口立言引遠執禮

專精升。堂入室凜凜猶生

端木賜字子貢　制贈黎侯

黄門侍郎兼鴻臚卿韋抗

聞一知二口口口口口計孰吴滅言。行口口口口口口口口口

口口口口口口口口口口口

冉予字子我　制贈齊侯

右散騎常侍允行冲

臨淄辯口學以致祿懲彼不勤見嗤朽木激玆忠孝貽毀

新轂政事登科而不厎族

冉雍字仲弓　制贈薛侯

銀青光祿大夫守中書令上柱國張嘉貞

諸侯爲邦雍也可使道在於政政期於理用刑者何居敬

則已況禮況德聞之夫子

冉求字子有　制贈徐侯

開府儀同三司上柱國廣平郡開國公宋璟

文之禮樂適可成人目以政事方爲具臣豈才不足寧道

斯屯其謂國老眇然清塵

仲由字子路　制贈衛侯

右散騎常侍上柱國陸餘慶

偉哉英士既刂且忠宿言無諾弊□□□□□□□□山

氣雄燔臺□□□□□□

冉耕字伯牛　制贈鄆侯

開府儀同三司上柱國梁國公姚元崇

顓門隸業入室推賢名惟科首行則士先是爲上足寧同

及肩亡之命矣懷之喟然

曾參字子輿　制贈成伯

禮部尚書許國公蘇頲

百行之極三才以教聖人敘經曾氏知孝全謂手足動稱

容貌事親事君是則是効

卜商字子夏　制贈魏侯

尚書左丞上柱國裴漼

孔門好學文章粲然言詩屬傳師聖齊賢德不喻法人何怨天見疑夫子離郡久焉

唐元和十年十二月三日浙東觀察使越州刺史兼御史中丞孟簡置

阮元兩浙金石志明皇御製顏子贊當時亦曾刻石今山東金鄉縣學有此碑其閔子以下十贊皆紀載無傳此碑經後人重摹故錯字甚多如宰予爲冉予元行冲爲允行冲裴灌爲裴漼既烈且忠烈字作列皆是也　春生

按裴灌乃裴漼之誤阮氏以爲裴灌亦非又以錯字甚多謂經後人重摹亦無確證

按唐會要開元八年進聖門十哲並曾子從祀詔曰顔子等十哲宜爲坐像悉令從祀曾參大孝德冠同列特爲塑像坐於十哲之次今此碑序列諸賢任意位置且躋曾子於子夏之上顯與詔書不合至以宰予爲冉予或疑唐時古籍尚多别有所本不知諸臣奉勅作贊即偶見於他書亦不敢據爲典要此可決其必無是説也諸賢贈爵在開元二十七年非作贊時所有作贊即在八年宋璟罷相爲開府儀同三司源乾曜爲侍中蘇頲爲禮部尚書證之唐書皆是年事蓋亦追書之源乾曜等九人兩唐書皆有傳陸餘慶新書附陸元方傳然不言其爲散騎常侍裴漼則兩書俱不言其爲尚書左丞是可以補史文之闕

者此碑趙氏金石録嘉泰志俱作孔子弟子贊則意

未見碑額也

紹興縣志採訪稿

唐戒珠寺陀羅尼經幢　刻高七尺八面面廣九寸八分每八行行六十三字序行書經及年月題名正書俱經八分

奚獎書　武宗會昌元年六月立在府治蕺山書院隸山陰

佛頂尊勝陀羅尼經序　前昭義軍節度要籍試右監門率府兵曹參軍上護軍奚獎書　河内［闕］

［經文不錄］

佛頂尊勝陀羅尼經　大唐會昌元年六月二十七日建　都維那口口　首座弘達　寺［下闕］

檀越主姚禹　口口　章造　都句［闕］　郢人應成陳容程曇［下闕］

乾隆紹興府志宋高翥遊戒珠寺詩欹斜竹屋羲之宅磨滅經幢率府碑疑即指此近郡人俞永思乘賸載此幢原委以爲隋智永書又童鈺考屠赤水碑目定爲王凝之書皆非也

阮元兩浙金石志案新唐書百官志云節度使副大使知節度事府院法直官要籍逐要親事各一人即此所謂節度使要籍也又云太子左右監門率府兵曹參軍事各一人正九品下即此右監門率府兵曹參軍也上護軍左右監門率府下無之惟親事府下注云左一右一護軍府護軍各一人副護軍各一人宜即彼左右護軍歟春生按上護軍乃勳級而非官職新唐書百官志載官吏勳級凡十轉爲上護軍視正三品唐自安

史亂後方鎮將吏往往官卑而勳階俱重故奚獎以九品官而得有三品之階也阮志所引似誤又稱龍朔二年改左右監門率府曰左右崇掖武后垂拱中改左右監門率府曰左右鶴禁此在會昌元年猶稱右監門率府者蓋中宗復辟後仍復舊稱如龍朔垂拱之間亦改而仍復也

按幢已中斷久棄戒珠寺民舍廁間乾隆初當事者訪得之移置蕺山書院其書幢人姓名剝蝕然系銜及年月殘字俱與嘉泰志所載奚獎書者符合當爲獎書無疑嘉泰志又稱餘姚龍泉寺有開成四年獎所書尊勝經幢則今已佚矣上虞五夫經幢題河内司馬簡刻字此河内下闕文疑即此五字也陳容乃

匠人姓名乾隆府志兩浙金石志辨爲鍊客殊誤○又按明諸萬里於越新編載山圖内戒珠寺前列二幢相對今寺前隔河斐柾橋側尚存其一高二丈餘刻凡六面面高七尺廣一尺一寸每四行行約二十餘字正書徑二寸五分字可辨者僅九十餘其五面刻陁羅尼咒末一面前二行刻諸如來名號後二行有將功德保扶及口部謹題字幢下蓮座刻凡八方高廣俱尺許並助緣再建人名亦漫漶不可讀此幢年代無攷審其字體當屬宋元間人所書但剝蝕太甚附見於此不别著録焉

唐戒珠寺陁羅尼經殘幢刻高五尺四寸五面面廣七寸五分每八行行六十五字正書經七分題記經五分

年月闕在府治蕺山書院

佛頂尊勝陁羅尼經

經文不錄

闕為　先考故江陵府江陵令□□□遺旨之告矣

日松檟闕忉利之宮于時闕

按此幢與奚獎書幢同時訪得移置蕺山書院者剝蝕更甚且三面無字經文不全豈當日書而未刻耶建造姓名年月並闕但幢得於戒珠寺側嘉泰志載有王銷書尊勝經咸通十三年八月閏人鉥造在戒

珠寺或卽此幢歟

唐董昌生祠題記刻高四尺九寸廣八尺二寸大字六行正書徑九寸小字存四行徑五寸行字俱不等

昭宗景福元年十二月刻在府治天王寺後蕺山摩崖

隸山陰

唐景

福元年

歲在壬子准

敕建　節度

使相國隴西

口公生祠堂

其年十二月十六

日興工開山建立

闕遍山栽

闕□□□

嘉泰會稽志廣教院在蕺山東麓院後山壁刻字有曰云云蓋董昌生祠也昌敗祠廢後唐天成四年吳越王錢鏐夢神人求祠宇或言祠本古天王院因建天王院

春生按廣教院今仍名天王寺

阮元兩浙金石志按新唐書逆臣傳昌託神以詭衆始立生祠刻香木爲軀内金玉紈素爲肺腑冕而坐妻媵侍别帳百倡鼓吹於前屬兵列護門戺屬州爲土馬獻祠下列牲牢祈請或紿言土馬若嘶且汗皆受賞昌自

言有饗者我必醉客有言嘗遊吳隱之祠止一偶人昌閒怒曰我非吳隱之比支解客祠前蓋小人意足擅作威福不旋踵即有夷族之禍史不言建祠年月得此刻知在昭宗即位之四年也

按史載昌爵隴西郡王則是時尚未進封昌初據越唐書稱其爲政廉平人頗安之吳越備史亦謂其有廉儉之度自建祠之後志滿氣盈肆爲暴虐越二年而僭叛之事起矣故昭宗討昌詔有曰因憑生祠輒有狂計又曰欲就叢祠妄舉狐鳴之兆是其逆心萌於此時可見末二行一行存遍山栽三字一行嘉慶縣志作木節度三字兩浙金石志辨節度二字爲柳

枝石已剝蝕未知孰是又石壁西偏舊有宋政和中陸宰元鈞等題名今無可攷惟西距數步有牛間坡三字則意明人所刻也

吳越崇福侯廟記　碑高六尺二寸廣三尺九寸額篆書崇福侯廟之記六字三行徑三寸二分記前十一行行三十八字首題一行行書徑一寸五分餘徑一寸二分中勅六行行十九字徑二寸二分又記八行首行三十九字餘四十字徑一寸二分

錢武肅王鏐撰　梁太祖開平二年立在府治興龍山城隍廟隸山陰

重修墻隍神廟兼奏　進封崇福侯記

若夫冥陽共理之規人神相贊之道傳於史册今昔同符

切以浙東地号粵（輿）區古之越國當舟車輻湊之會是江湖衝要之津自隋末移築子墻因遷公署據卧龍之高昇雉堞寫崇對鏡水之清波風煙爽朗緬維深固宜叶冥扶

故唐右衛將軍揔管龐公諱玉頃握圭符首臨戎

政被棒建府吐哺綏民仁施則冬日均和威肅則秋霜布
令屬墻愛戴黔庶謌謠尋而罷市興嗟餘芳不泯衆情追
仰共立巖祠鎮百雉之崗巒寧軍民之禍福殿堂隆邃儀
衛精嚴式修如在之儀仰託儲靈之蔭往載釁生劉氏妖
起羅平予躬禀　睿謀恭行　天討數年擐甲
兩復越墻皆資肹蠁之功以就戡平之業特爲重增儀像
嚴潔牲牢遍來四野無塵重門罷柝丁卯歲揚旌東渡巡
撫軍民躬奠椒漿目瞻靈像每暢吳風越俗共歌道泰人
安昔爲兩鎮之疆今作一家之慶遂馳牋表請降封崇所
冀　朝恩與使「西」使始牧齊標美稱共奏鑾對聳壽蒙
天澤果賜允俞頒崇福之嘉名昇五等之尊

爵其所奉　勑命具列如左

勑鎮東軍墻隍神龎王前朝名將劇郡良材傾因
剖竹之辰實有披榛之績剏修府署綏緝吏民豈
獨遺愛在人抑亦垂名終古况錢鏐任隆三鎮功
顯十臣能求福而不回致効靈而必應願加懿号
以表冥符宜旌岌業之功用顯優隆之澤宜賜号
崇福侯仍付所司牒至准　勑者

噫乎人惟神祐神實人依爰自始建金湯肅陳祠宇奠兹
中壘三百來年雖享非馨未登列爵今則俾予佐　國
連統藩維啓吳越之雙封爲東南之盟主况遇
金行應籙　梁德克昌道既泰於　君臣澤遂

加於幽顯獲申奏薦遽降　徽章今則象軸㸌新
龍綸遠至表勳名於万代昭靈感於千秋固當永
荷　皇私長垂幽贊保我藩宣之地遐邇清宁沵之
源共泰期斯民永安吾土坦矣赫矣永作輝華今當吴越雙
封一王理事亦仗土地陰騭冥力護持神既助令日之光
榮予亦報幽靈之㸌耀但慮炎凉改易星歲徂遷不記修
崇奠源事始聊刊貞石以示後來時大梁開平二年歲在
武辰　月　啓　聖匡運同德功臣淮南鎮海鎮東等
軍節度使檢校太師守侍中兼中書令吴越王鏐記
顧炎武金石文字記此碑以城爲墻以戊爲武按舊唐
書哀帝紀天祐二年七月辛巳勅全忠請鑄河中晉絳

諸縣印縣名内有城字並落下如密鄭絳蒲例單名爲
文九月己巳勅武成王廟宜改爲武明王十月癸丑勅
改成德軍曰武順管内稾城縣曰稾平信都曰堯都欒
城曰欒氏阜城曰漢阜臨城曰房子避全忠祖父名也
全忠祖信父誠十一月甲申勅改潞州潞城縣曰潞子黎城曰
黎亭又勅改河南告成曰陽邑蔡州襃城曰苞莩同州
韓城曰韓元絳州翼城曰澮川鄆州鄆城曰萬安慈州
文成曰屈邑澤州晉城曰高都陽城曰濩澤安州應城
曰應陽洪州豐城曰吳高又按五代史滑州唐故曰義
成軍以避梁王父諱故曰武順又冊府元龜開平元年
五月甲午改城門郎爲門局郎曾子固跋韓公井記襄

州南楚故城有昭王井故城今謂之故墻即鄢也由梁太祖父名城避之然則城者誠之嫌名也册府元龜言帝曾祖諱茂琳開平元年六月癸卯司天監上言請改日辰內戊字爲武從之然則戊者茂之嫌名也容齋隨筆謂戊類戊字故改之者非然戊本音茂不知何以爲武音而鄭樵謂十辰十二日皆爲假借甲本戈乙本魚腸丙本魚尾丁本蠆尾戊本武己本几又不知其說何所本也又如後漢執金吾丞武榮碑云天降雄彥資才卓茂仰高鑽堅允文允武則升茂字亦讀爲武其來久矣唐白居易詩有木名櫻桃得地早滋茂與露去住顧姤樹賦爲韻

朱彝尊曝書亭集錢武肅王以乾寧二年伐董昌明年

五月平之冬十月勅改越州威勝軍爲鎮東軍授王領鎮海鎮東等軍節度使至開平二年升爲大都督府亦謂之東府

錢大昕潛研堂金石文跋尾碑題重修墻隍廟兼奏進封崇福侯記而額稱崇福侯廟之記顧寧人朱錫鬯但稱爲鎮東軍墻隍廟記者未見其額也記文前十行後八行字大徑寸中列勅文六行字大徑二寸許此式他碑所未見龐玉唐書附見四世孫堅傳云嘗爲越州都督非總管又云爲領軍武衛二大將軍召爲監門大將軍不云右衛皆與碑文小異未知孰是碑末武肅署銜云啓聖匡運同德功臣云守侍中亦五代史所未載也

王昶金石萃編王都督越州有善政土人立廟奉爲城
隍至是鏐又具表請降崇封五代會要云開平元年封
鎮東軍神祠爲崇福侯從吳越請者是也李陽冰縉雲
縣城隍廟碑云城隍神祀典無之吳越有此風俗是城
隍神雖未得列于祀典而建祠立廟之事所在皆有此
碑云尋而罷市興嗟餘芳不泯衆情追仰共立嚴祠即
于麗玉身後其事當在唐初又記云爰自始建金湯肅
陳祠宇奠兹中壘三百年來雖享非馨未登列爵則前
此鎮東軍城隍亦祀典所無陽冰之言爲不誣矣
阮元兩浙金石志按是年吳越改元天寶
洪頤煊平津讀碑記新五代史稱梁太祖即位封鏐吳

越王兼淮南節度使舊五代史止言乾寧四年鏐乃兼鎮海鎮東兩藩節制梁祖革命以鏐爲尚父吳越國王此記作于開平二年結銜稱淮南鎮海鎮東等軍節度使梁祖勅亦云况錢鏐任隆三鎮功顯十臣與新史同而舊史不書兼淮南節度者闕文也

按碑文有朝恩與西使始牧齊標句西使始牧四字未詳且與下句秦巒不對萬歷府志金石萃編兩浙金石志俱作漢牧但石刻實此四字不知諸書何所據也勅中以頃作傾二字古通用墻字王西莊十七史商榷云牆從牀省聲不從土則俗體也武肅署銜攷吳越備史鎮海鎮東節度檢校太師守侍中兼中

書令俱唐代所授惟封吳越王賜功臣號兼淮南節度乃梁開平元年所加敕封亦元年九月事立碑在次年爾○龐公莅越嘉泰會稽志言越州太守題名記與新唐書所載不同云許馬萬頃所述傳而未加考核馬傳志既不錄文亦別無所見余因爲訂正之按題名記云武德元年十二月自武衛將軍授二年七月除揚州都督新唐書傳云由領軍武衛二大將軍爲梁州總管徙越州都督召爲監門大將軍記傳皆出於宋代在是碑之後令碑稱右衛將軍總管則傳誤而記得其實矣但記以爲元年所授殊未可信無論高祖方受隋禪杜伏威李子通沈法興等蟠踞

江南未聞嚮化唐豈能踰境而命官一也舊唐書薛舉傳秦王使將軍龐玉攻賊將高羅睺于淺水原淺水原之戰高祖本紀繫在元年十一月是公方從太宗西征無由至越二也唐書百官志武德七年始改總管爲都督何得於二年七月有揚州都督之除三也至揚州當係梁州由音近而訛可置弗論攷舊唐書地理志曰越州中都督府隋會稽郡武德四年平李子通置越州總管管越嵊姚鄞浙綱衢穀麗嚴婺十一州因悟是時東南甫定越州實爲重地故特以簡公子通之平在四年十一月公殆於十二月受命則記所謂元年者四年之誤也題名記於公後列李

紹興縣志採訪稿

嘉闕稜嘉云武德三年授稜云武德四年六月自左領軍將軍授按武德三年會稽方屬子通嘉果爲此官則爲子通之將與輔公祏反淮南時命其黨左游仙爲越州總管者事同一例記何必書若稜則於六年春夏之交從伏威入朝拜左領軍將軍至八月公祏叛乃從趙郡王孝恭討之計其授官應在期時唐書本傳始末瞭然是記載稜除官年月全非事實大約公移梁州當在六年七月以前公祏肆逆時公已去越故事蹟無所表著而越遂爲游仙所據使公在宜有以制之矣余意此時總管當爲李嘉追郡陷没嘉或死或罷而稜代之是記所謂二年者非五年即

六年之誤也惟記作由越徙梁而傳作由梁徙越事無左證未知其孰是耳

吳越道士楊政題名刻高二尺二寸廣五寸五分二行行十字正書徑二寸

周世宗顯德二年五月刻在會稽宛委山飛來石摩崖

道士楊政謹□□□□□

受業顯德二年乙卯五月

按顯德二年爲吳越王俶嗣位之八年錢氏雖奉中國正朔然金石流傳往往祇書記元而不著某代此刻稱顯德而不稱周亦此例也嘉泰志稱飛來石上有唐宋諸賢題名今唐人自宮記外無一存者即宋人除可辨者按代著録其餘漫漶不可讀者尚多皆由工匠不知愛惜重疊鑱刻使古跡就湮爲可恨爾

紹興縣志採訪稿

北宋御製至聖文宣王贊并加號詔碑高七尺八寸廣四尺二寸額篆書衘至聖文宣王贊并加號詔十二字六行徑三寸五分碑前分二列上列贊十三行行十六字下列詔十三行行二十三字俱行書徑一寸四分碑後文三行行五十七字行書徑七分

眞宗大中祥符五年八月立在紹興府學

至聖文宣王贊并序

御製

若夫撿玉　介丘迴輿闕里緬懷於

先聖躬謁於

嚴祠以爲昜俗化民旣仰師於彝訓宗儒尊道宜益峻於徽章增薦崇名聿陳明祀思形容於盛德爰刻鏤於斯文贊曰

紹興縣志採訪稿

立言不朽　垂教無疆

昭然令德　偉哉素王

人倫之表　帝道之綱

厥功實茂　其用允臧

升中既畢　盛典載揚

洪名有赫　懿範彌彰

加號詔

王者順考古道懋建大猷崇四術以化民昭宣教本總百王而致理丕變人文方啓迪於素風思聿揚於鴻烈

先聖文宣王道膺上聖體自生知以天縱之多能實人倫之先覺玄功侔於簡易景鑠配乎貞明惟列辟以尊崇爲

億載之師表肆朕寡昧欽承命歷曷嘗不遵守彝訓保乂
中區屬以祗若　元符告成喬嶽觀風廣魯之地飾駕數
仞之牆躬謁遺祠緬懷遐躅仰明靈之如在肅奠獻以惟
寅是用徵簡策之文昭聰叡之德聿舉追崇之禮庶伸嚴
奉之心備物典章垂之不朽誕告多士昭示朕懷宜追謚
曰
至聖文宣王祝文特進署仍令所司擇日備禮冊命并修
飾祠廟祭器其廟內制度或未合典禮並令改正給近便
五戶以奉塋域仍差官以太牢致祭故茲詔示想宜知悉
大中祥符元年十月二十四日　東封禮畢十一
月一日　車駕幸曲阜縣謁奠　先聖文宣王命

刑部尚書溫仲舒等分奠七十二弟子先儒禮畢
幸孔林是日　詔先聖加號　至聖文宣王　御
製贊又　詔吏部尚書張齊賢等次日以太牢致
祭　詔兖公顏子進封兖國公十哲閔子已下進
封公曾子已下進封侯先儒左丘明已下進封伯
五年八月二十二日奉　勅諸道州府軍監各於
至聖文宣王廟刻　御製贊并詔
阮元兩浙金石志按此詔當時諸學有之以曲阜孔廟
本校之首題作闕筆元字後又有添云十一月日奉勅
改謚曰至聖文宣王牒奉勅十九字此碑直作至字當
在十一月已後也

按此詔在曲阜者係明代重勒余又收得一碑不知何地所刻末亦多十一月日奉勅改謚曰至聖文宣王十四字其贊詔後記中至聖俱作元聖孜續通鑑長編云初欲進謚爲帝或言宣父周之陪臣周止稱王不當加帝號故第增美名春秋演孔圖曰孔子母夢黑帝而生故曰元聖莊子曰恬憺元聖素王之道遂取以爲稱又云五年十二月壬申是月甲子朔壬申乃月之九日則在十二月無疑而各碑皆作十一月未知孰是改謚元聖文宣王爲至聖文宣王據宋史禮志則以避聖祖諱故也此碑不知何意刪改謚一語因易贊詔後記元聖字悉爲至聖以泯其迹蓋無識之徒爲之碑中無疆當作彊飾駕

當作飾(餘)曲阜刻俱不誤

北宋陳堯佐題名刻高一尺六寸廣一尺四寸五行行六字左行正書徑三寸

大中祥符六年十月刻在會稽宛委山飛來石摩崖

皇宋祀

汾陰之再口口

孟合中允來轉

運使陳堯佐書

孟冬五日

按真宗祀汾陰在大中祥符四年此云再口則六年

矣堯佐字希元閬州人宋史有傳

紹興縣志採訪稿

北宋張懷寶等題名刻高三尺二寸廣一尺二寸三行，行字不等，左行正書，徑二寸五分

天禧二年八月刻在會稽宛委山飛來石摩崖

天禧二年歲次戊午秋八月轉運副使張懷寶知州高紳通判刁湛節推辛有孚同游此

按嘉泰志高紳於天禧元年四月以刑部郎中直昭文館來知州事江少虞事實類苑稱徐鉉鄭文寶查道高紳皆江東善篆者當即其人也紳於至道中官湖湘轉運咸平中以右司諫直史館知華州見韓見素西嶽廟勅賜乳香碑記刁湛昇州人宋史附見父衎傳官至刑部郎中辛有孚後於天聖元年以大理寺丞知宜興縣見咸淳毘陵志節推亦越中幕職蓋

宋承吳越制越州猶領鎮東軍節度兼觀察處置等使當時或以寵親王及大臣外戚不常置亦無歸鎮者其職務則知州通判官總之而幕僚之設如故此亦府志職官所當採錄者也通判刁湛節度推官辛有孚乾隆府志俱未載

北宋高紳等題名刻高二尺七寸廣八寸三行行字不等左行正書徑二寸

高庚書　天禧三年七月刻在會稽宛委山飛來石摩崖

天禧三年七月八日高紳李夷庚李口口高信臣劉逵口守素高先同游高庚書

按李夷庚天禧二年間以吏部員外郎直史館知明州有復湖建學諸事見延祐四明志

北宋陽明洞投龍簡記刻高三尺一寸廣五尺十三行行字不等又題名二行俱正書徑三寸

天禧四年三月刻在會稽宛委山飛來石摩崖

皇宋三葉闕十餘字東封之一十二年口事于　南郊大禮云

畢闕數字明年季春始命入內內侍省內西頭供奉官王從

政賫持金龍玉簡闕數字陽明洞天射的潭設醮恭謝　休

徵爲民祈福也時祇事侍行者太常博口口越州軍州事

鄭向大理評事通判軍州事牛昭儉觀察推官試大理評

事江白謹書石壁以口能事天禧四年三月二十三日記

會稽主簿湯楷

王清宮智賢大師口文成

按記云東封之一十二年有事于南郊宋史真宗本

紀大中祥符元年封泰山天禧三年祀天地於圜丘是也東齋記事云道家有金龍玉簡金龍以銅玉簡以階石制學士院撰文具一歲中齋醮數投于名山洞府天聖中仁宗以其頗爲州郡之擾下道録院裁度才留二十處時兩浙東路祇有台州赤城山玉京洞一處而陽明洞遂在所罷之内矣鄭向字公明陳留人其知州事不載於宋史本傳及嘉泰志宋太守題名記文載會稽掇英總集亦不列題名記刻於天聖九年距天禧四年不過十一稔豈有遺忘致前守盧幹於四年二月卒官題名記與嘉泰志稱幹天禧二年十月到官三年二月捐館致高紳於三年七月去任有本山題名可證幹代其職知到官當在三年十月而卒在四年二月可知矣記與志俱差一年

後守任布於四月方至其間必係向暫權州事此刻博士下泐一字或作權不作知也牛昭儉後知衢州見浙江通志江白建昌南城人景德進士官至兵部員外郎見江西通志宋史入孝義傳通判牛昭儉察推江白會稽主簿湯楷乾隆府志俱未載

北家陽明洞射的潭投龍簡記刻高三尺三寸廣四尺三寸十四行行字不等正書徑二寸

天禧四年六月刻在會稽宛委山飛來石摩崖

國家戊育羣品撫綏兆民□□□□百靈固　洪基於萬
世特命入内内侍省内東頭供奉官劉□□□□詣龍瑞親
建靈寶道場三晝夜設清醮一座六月十九日投金龍玉
簡於　紫府陽明洞天翌日躬詣　禹王廟建道場□晝
夜設醮一座二十三日投金龍玉簡於五雲溪射的潭至
信再陳□□□□神祇胥悦　帝道永康時同□龍□□
尚書屯田員外郎知軍州事賜緋魚袋任布大理評事通
判軍州牛昭儉大理寺丞新授横州知州周薰觀察推官
徵事郎試大理評事江白謹再誌美于石壁天禧四年六

月二十三日記

按任布字應之河南人宋史本傳云布知宿州時越州守闕寇準曰越州有職分田歲入且厚非廉士莫可予乃徙布越州

北宋任布等題名刻高二尺五寸廣一尺二寸四行行十一字正書徑二寸

年月闕在會稽宛委山飛來石摩崖

尚書屯田員外郎知軍州事

任布殿中丞通判軍州事司

徒□□□□□□□□同觀

□□□□□□□□于巖石

按嘉泰志任布以天禧五年十一月移知建州此刻當在四五年間通判司徒氏名無可攷

北宋道士羅拱辰等題名刻高一尺四寸廣一尺五寸四行行字不等正書徑一寸八分

釋惟衍書　年月闕在會稽宛委山飛來石摩崖

闕文籍洞元大師賜紫羅拱辰

闕同觀道士賜紫陳一鶴

闕

闕雪苑講經論僧惟衍書

按刻殘缺無年月可攷惟李公紀大觀中題名即刻於其上則亦北宋物矣徽宗以前真宗尊崇道教故列於此又有副道正喻可名道判賜紫任元素等十餘人題名經大觀中方會題名鑱刻其間已不可讀

北宋王信臣等題名。刻高四尺九寸，廣三尺八寸，七行，行九字，正書，徑六寸。

許聞禮書　慶歷二年十二月刻在會稽宛委山飛來石摩崖

提刑王信臣、希郘、柴貽憲式之，會稽守向傳式士則，前四明倅劉黄中伯通，知會稽縣許因其道卿，慶歷二載季冬二十三日同遊陽明洞天。

許聞禮題名

按嘉泰志淳化二年置諸路提點刑獄，以朝官充。景德四年又置同提點刑獄事以閤門祇候以上充同提刑屢廢不補雖置猶帶同字故武臣常居文臣之次此刻有提刑二人信臣當係文臣貽憲當係武臣也寶慶志有提刑題名始自元符二人俱以在前不錄浙江通志亦遺之又是時兩浙皆隸所部東西二路之分南渡以後制也向傳式開封人左僕射文簡公敏中子宋史附見文簡傳官至龍圖閣直學士其知州事宋太守題名記署銜工部郎中直集賢院有詩見會稽掇英集知會稽縣許因其乾隆府志未載

北宋杜杞題名　刻高六尺四寸廣四尺三寸七行行十二字正書徑五寸

慶歷七年十月刻在會稽宛委山飛來石摩崖

轉運使兵部員外郎直集賢院
杜杞議復鑑湖畜水溉田時與
司封郎中知州事陳亞左班殿
直句當檢計余元太常寺太祝
知會稽縣謝景温權節度推官
陳繹同定水則於瞀山之下永
爲民利慶厤七年十月一日題

按杜杞字偉長宋史本傳云無錫人歐陽永叔撰墓誌云今爲開封人曾子固鑑湖圖序載其議謂盜湖

爲田者利在縱湖水一雨則放聲以動州縣而斗門輒發故爲之立石則水一在五雲橋水深八尺有五寸會稽主之一在跨湖橋水深四尺有五寸山陰主之而斗門之鑰使皆納於州水溢則遣官視則而謹其縱閉又以爲宜益理隄防斗門其敢田者拔其苗而責其力以復湖而重其罰又以爲宜加兩縣之長以提舉之名課其督察而爲之殿賞即此復湖定則之大畧也勾當檢計宋史職官志三司使屬有勾當公事掌左右司檢計之事轉運職司錢穀與三司同故勾當官亦有檢計之名如提刑下檢法之類陳亞字亞之維揚人咸平五年進士仕至太常少卿謝景

溫字師直富陽人宋史附父絳傳其知會稽及熙寧中知越州事史並略之陳繹字和叔開封人其權節度推官宋史本傳亦不書節推陳繹乾隆府志未載

紹興縣志採訪稿

北宋孫沔等題名。刻高二尺二寸廣一尺九寸四行行五字正書徑三寸五分

皇祐元年十月刻在會稽宛委山飛來石摩崖

孫元規蘇才

翁劉南叔皇

祐己丑十月

九日至是

按元規孫沔字會稽人天禧三年進士官至樞密副

使諡威敏檢考宋史本傳題名當在毋喪居里之時

時已官樞密直學士矣才翁蘇舜元字宋史附弟舜

欽文苑傳

北宋遊小隱山敘 刻高四尺六寸廣二尺八寸十三行行三十六字正書徑一寸

錢公輔撰 皇祐三年二月刻在山陰小隱山摩崖

遊小隱山敘

越城之西南有所謂王氏山園者衆以爲一境勝絕太守楊公曰彼何遊焉一日攜賓佐浮輕舟走平湖四五里而至望其門如樓閣之在煙雲中入其堂登其亭廓然如形骸之出塵世外山蒼谿碧繚繚四注皆可襟迎而袖揖奇葩珍樹映帶滿前公奮曰吾來越舊矣未有如今日勝且快者使呼其主而詰之曰山名謂何對曰有而非美名也亭有名乎則曰朴愚敢以名爲公使圖以來曰命其山曰小隱山堂亦曰山之名堂之東榮俯檻而窺者曰琵琶池

出堂而登數級乃止勝奕亭自亭過而至其最上者曰湖光亭順山而西達於山足曰翠麓亭由忘歸至翠麓曰探幽徑曰擷芳徑曰捫蘿磴曰百花頂皆因其所遇而得之心焉已而至於山外有池池心有亭曰鑑中亭轉而通於始至之門門隅亦有池有亭曰倒影亭凡一景一趣無不爲之稱者且曰今而後吾當數至此也因命通判軍州事錢公輔書以鑱諸石噫人生百歲塵鞅榮利淫惑病憂紛紛而汨之幾日而如此樂幾何而如此勝耶予弗書不詳與是遊者都官員外郎江鉞節度推官袁嗣隆觀察推官王仲行前進士王霽朱方凡六人皇祐三年春二月二十八月叙

按小隱山本名候山，以晉孔愉嘗居此，後封候，得名。敘載孔延之會稽掇英集以石刻校之，數級乃止，下集多一日字，自亭下集多而北登降乎竹間五六十步而後至者曰忘歸亭，十九字寀下文明日由忘歸至翠麓，則非後所增，定可知。此二十字顯係漏奪，若公輔自書，不應有是，當是命他人書之，不及察而鑱諸石爾。太守楊公名紘，字望之，浦城人，宋史本傳載其曾爲越州通判，故有來越舊矣之語。錢公輔字君倚，武進人，宋史有傳。王霽，蕭山人，兵部員外郎綠子，朱方諸暨人，皆皇祐元年進士。昔人謂蘇明允避家諱易序爲敘，後人多遵用之，今此刻首題作敘，實出

蘇氏之前知其說之未足據矣節推袁嗣隆察推王仲衍乾隆府志未載

北宋官山嶴界碑 碑高八尺廣五尺文五行行十一字正書徑八寸右首題字一行徑五寸

嘉祐二年七月立在山陰謝墅聖母祠

闕口系口口禁會稽監押孟口

闕至會稽縣黄祊村分水闕

闕至道樹村山峯分水爲闕

闕至茆甸村山峰分水爲田

闕至華表柱爲界

大宋嘉祐二年七月望日建

按碑首一字俱闕以今地證之蓋黄祊東道樹南茆甸西而華表柱之爲北界可知也第四行下似有小字二行已不可辨碑末有大清康熙元年拾月里民

某某等重建字此乃因碑石仆毁復起而立之非重刻也碑在今官山嶴意宋時此數里内皆爲官地故其名尚沿而不改爾監押宋史職官志云州府以下都監皆掌其本城屯駐兵甲訓練差使之事資淺者爲監押嘉泰志云自府州軍監至縣鎮城寨關堡都監並以閤門祗候以上充亦參用三班使臣監押則專用使臣而已都監監押悉充在城巡檢始其任頗重後寖衰削矣

北宋新建廣陵斗門記碑高六尺三寸廣三尺額篆書斗門記三字橫列徑五寸二分記十七行行三十五字正書徑一寸四分又立石銜名三行徑一寸

張壽撰并書　李公度篆額　嘉祐八年十月立在山陰廣陵橋馬太守廟

越州山陰縣新建廣陵斗門記

將仕郎守許州許田縣尉張　壽　譔并書

將仕郎守越州山陰縣尉李　公度　篆額

越之爲郡介於江山之間而瀕川以爲居人擇其膏腴平淺之地而田之歲時山源暴流彌漫數百里田者廢不治居者走保山阜患不能支當東漢之盛時馬候臻爲其太守爲之堤其寬閑之地以爲湖既以備旱暵之災而暴流

或下有以瀦之，又備其蓄洩之不宜也。於是作三大斗門於其山隅，以導其川於江海之内，既除其水旱之虞，而民患遂去，越人蒙其利，至於數百年之長。而湖積堙塞，與堤略平，而斗門益隳壞不治，水旱大至，無所支，越人滋不寧。嘉祐四年，贊善大夫李君茂先適治其縣，誘其邑之人魏元象、魏組、載庸等，相與謀於邑之著姓，協其力而繕之。凡費木石一千餘緡，用人之力千有餘工，於是廣陵之斗門復完，而越人之患又從而息。予嘗考天下之利患，見水土之事惟禹貢爲詳，今按其書而求其地之廢興，而禹之迹往往而在。然而昔之釃而爲川者，今湮而爲丘矣；向之壅而爲固者，今鑿而爲渠矣。蓋三代治時之法廢於六國之交侵之時人自保其所有而安之瀹匯排放一附以已意不務循禹之爲迹故民到今病之今觀馬侯之遺制故嘗廵行周視得其利害之詳然後開湖鑿門以紓其患以至于今使後人襲其迹而治之其利仍存而不廢以至於無窮矣使夫禹之遺迹亦若馬侯之利有以更興者則天下水土之事無復病於今矣故并叙其所感者書之嘉祐八年十月望日記

文林郎守主簿王　沖

朝奉郎守太子右贊善大夫知縣事兼提舉鑑

湖武騎尉吳　安

朝奉郎尚書屯田員外郎通判越州軍州兼管内

堤堰橋道勸農同提點銀場公事騎都尉賜緋魚袋張　詵立石

錢大昕潛研堂金石文跋尾宋史列傳有兩張燾其一字子公仕南渡孝宗朝相距年代已遠其一字景元仕英宗神宗朝當即其人傳不言爲許田尉者略也燾楷書極似唐人其書悳作悳庸作庸堰作堨則它碑所未見公度篆亦有法廣陵斗門乃後漢會稽太守馬臻所立三大斗門之一曾子固序越州鑑湖圖亦載此名與漢之廣陵國初不相涉秀水朱氏因元時江浙行省鄉試賦有以錢唐江當枚乘七發之曲江者遂援此以證廣陵去錢唐不遠然枚乘生于文景之世不可以後證

前

按記云馬侯作三大斗門自廣陵外不著其名致曾子固鑑湖圖序所載斗門凡六朱儲非灝湖不計在山陰則曰柯山曰廣陵曰新逕在會稽則曰曹娥曰蒿口餘次鐸復湖議所載凡七較子固山陰多西墟會稽多瓜山少徹而以柯山爲閘不與焉嘉泰志所載亦七自朱儲外三江亦非灝湖不計餘與子固同夫子固之時較爲近古其所列斗門證諸宋志新逕則唐大和中觀察使陸亘置曹娥則宋天聖中知會稽縣事曾公亮置惟廣陵柯山蒿口不詳其自始當即記所稱之三大斗門矣且就地勢而論廣陵洩西

湖之水以入於西江蒿口洩東湖之水以入於東江又於其中置柯山以資灌漑助宣洩誠如記所云得其利害之詳者李茂先又嘗建朱儲石斗門沈紳爲記文見會稽掇英集蓋是時新制會稽山陰二令以提舉鑑湖入銜故長吏於水利頗能盡心也通判張読字樞言浦城人宋史有傳知山陰縣吳安主簿王沖尉李公度乾隆府志

嘉慶縣志俱未載

金石題識

二

目錄　金石題識

大業塼

虞世南碑

虞荷碑

晋故右將軍會稽内史琅琊汪府君祠堂碑

周密州司馬康遂誠墓誌

高行先生徐師道碣

崔詞謁禹廟詩

越州華嚴寺鍾銘

大理少卿康公珽夫人河間郡君許氏墓志

康珽告

宇文顯山陰述

法華寺戒壇院玄儼律師碑

越州開元寺律和尚曇一塔碑

徐浩先塋題記

題禹廟寶林寺二詩

山陰縣額三字石刻

台州刺史康希銑墓碑

判曹食堂壁記

康府君珽碑并陰

丞相神道殘碑

緑橘亭記

嘉祥寺大覺禪師國一影堂碑

會稽山南鎮永興公祠堂碣

復禹衮冕并修廟記

禹廟祈雨唱和詩

遊妙喜寺記

登石傘峯詩石刻

禹廟題名

建南鎮碣記

禹廟續題名

庚肩吾孟簡經禹廟詩

修漢太守馬君廟記

通和先生祖君貫墓誌銘

大夫種銘

禹穴二字碑

禹穴碑陰

元威明白居易春分投簡陽明洞天詩并緫作

越州衙前總管杜府君義墓誌銘

故呂后道場寧貫禪師塔銘

李紳題法華寺詩

越州都督府曹參軍齊君讓墓誌

京兆阿史那夫人墓誌

賜李褒改大中禹跡寺勅

勅大中聖壽院額六字石刻

勅大中聖壽院額六字石刻

戒珠寺記

大慶寺衆尼粥田記

大慶寺復寺記

戒珠寺尊勝经幢

禹跡寺尊勝經幢

故浙東都團練使右廂兵馬使濟陰董府君 翊墓誌

鎮東軍監軍使院記

雲门寺畫華嚴经變相讚

千歲和尚寶掌禪師塔碑

越王碑

雲門寺麗句亭詩刻

重建鎮東軍府署記

勑封卧龍山神崇善王牒石幢

重修圓通妙智教院記

吴越國武肅王廟碑

報雲門山淨名菴長老重曜二書石刻

法華山碑

重建越州龍興寺塔石刻

會稽論海潮石碑

咸潤法師受業弟子碑

趙清獻公祖太師墓碑

陸左丞佃祖太保昭墓碑

唐太守題名記

宋太守題名記

唐祖先生墓誌序

清白堂記

送陸軫知越州詩石刻

重建永福院記

裘氏義门記

王公池記

山陰縣朱儲石斗门記

志省堂記

井儀堂記

望海亭記

越帥沈公遘生祠堂記

弔王右軍宅文

越州新修子城記

曹娥重修廟宇記

雍熙寺記

證慈寺記

越州趙公抃救菑記

禱錢湖院觀音像識事

寶林院重修塔記

判官廳新建壽樂堂詩

適南亭記

清思堂詩石刻

范純仁純□章粢會肇晁説之江緯廉布題名

子真泉三字

王右軍鵞池墨池記

唐白居易草■書春遊詩刻

修南鎮廟記

唐賀知章二告

御製神霄玉清萬壽宫碑

廣教院山壁盧天驥等題名

賜天寧萬壽觀道士盧浩真金方符

楊時題名

王右軍畫像

天真書院記

黄山谷賣馬記

裘氏義门贈詩石刻

祕閣續帖十卷

蘭亭續刻六卷

漏鼎銘

無斁漏壺銘

漏盤銘

漏鉦銘
判官廳重新壽樂堂記
唐臨本蘭亭石刻
大雅堂記
王銍題名
雲门壽聖院記
高宗御書詩石刻
浙東提舉題名記
卧龍山草木記
重修紹興府學記
修會稽防海塘記

放生池咸若亭記

修旌忠廟記

劉忠顯公韐祠堂記

貢院記

報恩寺應天塔記

丞相史公浩府學義田規條

重刻熹平石經殘碑

薛純一能仁寺捨田記

天長觀銅鐘題字

晉王逸少小字曹娥碑

重刻王右軍蘭亭序樂毅論并趙岐王仲忽帖

棣萼堂記

會稽縣重建社壇記

會稽縣寬簡堂記

會稽法雲寺觀音殿記

會稽縣新建華嚴院記

東籬記

霽祕院營造記

鎮越堂柱記

越王臺三字碑

安撫司屬官題名記

重修山陰縣學記

戒珠寺重修卧佛殿記

浙東提刑壁記

錢清鹽場廳壁記

紹興報恩光孝四莊記

世綵堂記

王端明克謙浸碧亭記

山陰縣重建主簿廳記

諭飛勑碑

宋諸陵碑

重刻蘭亭序

稽山書院記

和靖書院記

三江鹽場興造記

山陰慈恩院法華會記

右軍祠塾重刻蘭亭序并詩

重建會稽縣學記

臨池亭記

紹興路學重修講堂記

會稽唐氏墓記

雲门寺記

帝禹廟碑

重修明覺寺記

南鎮降香記

紹興路修禹廟記

集善教寺記

祭南鎮祠文幷記

代祀南鎮頌

會稽佳山水五字石刻

修山陰縣治記

重修曹娥廟記

紹興路新學記

重刻宋李公麟蘭亭禊圖

重修山陰縣學記

開元寺鐘銘

重修山陰縣學記

紹興新城記

紹興崇福寺記

重修山陰縣學記

霧峯寺活水源記

會稽徽命鐘

越王銅罍

枯花寺古碑

渴蚬二字

蛟平寺井碑

稧泉二字

漢李氏鏡

秦漢瓦當文字續集

求恭騫專

陳太建四年專

吴黄龍元年專

左文襄何蝯叟跋法華寺碑

宋義國夫人虞氏墓誌

宋謝景初書孝經碑

越中石刻九種

錢竹汀先生竹汀日記

隋呂超殘墓誌

東陽何氏蘭亭原石

魏氏稼孫續語堂碑録

漢樊毅修華嶽廟碑

宋隱真宫記跋節録

武肅王鐵券

宋天台般若新寺甎塔記

呂超墓誌銘

跋王文驤隸書蘭亭帖

止軒金石墨本自序

青籐硯銘歌

祁忠惠公雙印歌霞西叔祖命作

二金蜨齋尺牘言金石學

晉福祈禪院碑

吴越崇化寺西塔基記

黄龍元年八月上虞王元方作

東漢建寧買山莂

建寧墓專

隋大業龕專

吴永安朐磚

晉太康買地莂

唐開元堪專

齊永明石佛背銘

晋王大令保母專志

龍尾硯記

嶧山碑跋

石經題辭

達齋彝器題辭

東國刻會稽刻石

達齋彝拓本識

摩崖室石殘字

玉版十三行

紹興（舊山會兩邑）金石題識

漢

義里長蹇路五字石刻。

鴻嘉二年太守周君刻在會稽見嘉泰會稽志

吳

五鳳塼。

文曰五鳳元年三月造宋乾道中上皐耕者得以獻府牧洪适鐫以爲硯見嘉泰志

永安塼。

文曰永安五年七月四日造宋淳熙癸卯三山陸氏鑿渠得之嘉泰志

晉

太康塼

文曰太康十年七月造藏山陰三山陸氏見嘉泰志

黃庭經

凡二本大約相類題云永和十二年山陰縣寫在越州見集古錄

黃閣銅漏

王羲之書陸機漏賦在府廨見嘉泰志

嚴堅墓塼

在山陰蘭渚山　國朝嘉慶四年土人開窯得塼五其四皆有晉太元廿二年建墓八字陽文楷書一塼文已剝盡唯存嚴君之墓君諱堅字居實會稽山陰人也長

子玩次子玫凡廿二字陰文楷書見嘉慶山陰縣志

江淹碑

在州北八里見輿地紀勝引晏公類要

陳

退筆冢銘

釋智永撰在會稽永欣寺見嘉泰志按今雲門寺有筆塚二字石刻當是明人所勒

隋

禹廟碑

史陵正書大業二年五月五名爲禹廟没字碑宋嘉泰中通判施宿命工椎拓得二百二十四字乃爲碑譜刻

置祠下在會稽見嘉泰志

大業塼

文曰隋大業九年太歲癸酉𡗝十字又頂上有遷柎二字國朝乾隆中蕺山下居人商氏掘地得之見嘉慶山陰縣志

唐

虞世南碑

貞觀二年閏二月立在會稽縣南二十里見寶刻叢編引訪碑錄

虞荷碑

虞世南撰釋棊書貞觀六年立在會稽見嘉泰志

晉故右將軍會稽內史琅琊王府君祠堂碑

王師乾撰范的書在山陰戒珠寺見嘉泰志未載掇英集

周密州司馬康遂誠墓誌

行書長壽三年正月立在山陰離渚山見寶刻叢編

高行先生徐師道碣

姚奕撰序賀知章銘子嶠之正書開元十一年四月立

陷置府治廳壁見嘉泰志

崔詞謁禹廟詩

杜專正書陳章甫序釋惠遍八分書開元二十年孟秋

立後附宋之問詩元和十一年陳鄭書見嘉泰志崔宋

二詩載掇英集

越州華嚴寺鐘銘

李邕撰　在會稽　文見北海集

大理少卿康公珽夫人河間郡君許氏墓志。王壽撰　褚庭誨正書　天寶五年五月立　在山陰蘭亭　見寶刻叢編引復齋碑錄

康珽告。

徐浩行書　天寶十二年三月立　見嘉泰志

太子率更令康君德言碑

宇文顥山陰述。徐浩正書篆額　在山陰離渚　見嘉泰志

竇公衡撰　史懷則八分書并篆額　天寶十三年四月立

見復齋碑錄　文載掇英集

法華寺戒壇院玄儼律師碑。

萬齊融撰　徐浩正書篆額　天寶十五年六月立　在山陰

見輿地碑目　文載掇英集

越州開元寺律和尚曇一塔碑。

梁肅撰大歷六年十二月立在會稽文見掇英集

徐浩先塋題記

徐浩正書大歷九年十月刻於高行先生徐師道碑陰

見嘉泰志

題禹廟寶林寺二詩

徐浩撰并書見寶刻類編按宋熙寧二年七月知州事郎亢重刻於府廨文見古刻叢鈔

山陰縣額三字石刻

額下有丹陽葛蒙勒石六字舊傳徐浩書在縣廨見嘉泰志

台州刺史康希銑墓碑

顔眞卿撰并書大歷十二年十一月立在山陰雜諸宋

郡守吳奎移寘府治廳壁通判施宿又得二十餘字於

民間并陷置焉見嘉泰志文載魯公集

判曹倉堂壁記

崔元翰撰大歷十口年立在山陰文見掇英集

康府君缺碑并陰

見嘉泰志

丞相神道殘碑

顔眞卿書存篆額三字遺文一百九十字在山陰見訪

碑錄

綠橋亭記

顏眞卿書在通判北廳廨見嘉泰志引碑鄉

嘉祥寺大覺禪師國一影堂碑。

崔元翰撰羊士諤正書貞元二年九月立在府城大慶寺見諸道石刻錄

會稽山南鎮永興公祠堂碣。

羊士諤撰韓杼材書韓方明篆額貞元九年四月立見嘉泰志文載掇英集

復禹袞冕并修廟記。

崔及撰馬稹一作積正書篆額元和三年十月立在會稽禹廟見諸道石刻錄

禹廟祈雨唱和詩。

薛苹崔述等十八人撰豆盧署正書元和中刻于禝禹

𢇛冕記碑陰見嘉泰志苹詩載掇英集

遊妙喜寺記

李遜撰元和十二年二月立在會稽又見掇英集

登石傘峯詩石刻

楊於陵齊推王承鄴陳諫衛中行路黄中撰陳諫并撰

序元和九年九月立在會稽又見掇英集集

禹廟題名

張良祐孟簡等十一人元和十年三月二十七日祭南

鎮謁禹廟畢至寺見嘉泰志

建南鎮碣記

孟簡撰陳構正書元和十年十月立見金石録文載掇英集

序元和九年九月立在會稽文見掇英

禹廟續題名

文云去年同遊今年不到張良祐孟存七八今年續到同遊鄭逌元和十一年四月三日記後又題云奉使續到劉敬孫見嘉泰志

庚肩吾孟簡經禹廟詩

謝楚行書元和十一年八月立見復齋碑録文載掇英集

修漢太守馬君廟記

韋瓘撰元和十二年二月立文見掇英集

通和先生祖居貫墓誌銘。

許瑊撰元和十四年十月立在會稽延慶寺文見掇英集

大夫種銘。

李觀撰文見掇英集

禹穴二字碑。

鄭魴書并撰序元稹銘韓杼材行書陸滲篆額寶歷二年九月立後有大和元年八月三日中山劉蔚續記二行在會稽龍瑞宫見嘉泰志文載掇英集

禹穴碑陰。

元稹并僚屬十一人官位名氏并拜禹廟詩一首後有

章草一行見嘉泰志

元戚明白居易春分投簡陽明洞天詩并繼作。

王璹八分書劉蔚篆額大和三年正月五在龍瑞宫見

復齋碑錄文載掇英集

越州衙前總管杜府君夫人墓誌銘。

沙門東火撰大和三年四月五在山陰九里宋淳熙壬

寅呂氏營葬得之攜歸諸暨見嘉泰志文載古刻叢鈔

故呂后道場寧賁禪師塔銘。

沈的撰并行書沙門潭鏡八分書額大和五年九月五

在山陰昭福寺見復齋碑錄

李紳題法華寺詩

大和八年三月立在山陰見集古錄文載掇英集

越州都督府曹參軍齊居讓墓誌

蔣環撰正書開成三年四月立在會稽玉笥山見復齋碑錄

京兆阿史那夫人墓誌

陳儉撰會昌二年十二月立在會稽萬歲里宋淳熙中發地得之見嘉泰志

賜李褒改大中禹跡寺敕

大中閒立在會稽見復齋碑錄

敕大中聖壽院額六字不列

額下題散騎常侍充集賢殿學士兼判院事柳公權書

在會稽見嘉泰志

勅大中聖壽院額六字石刻

額下題散騎常侍充集賢殿學士兼判院事柳公權書

在會稽見嘉泰志

戒珠寺記

趙璘直撰貝靈該八分書并篆額咸通三年正月立在

山陰見集古録文載掇英集

大慶寺眾尼粥田記

裴潾撰王隨正書并額咸通三年十月立後有田段四

至在山陰見金石録

大慶寺復寺記

孫汝玉撰貝靈該八分書并篆額咸通十一年二月立

在山陰見復齋碑錄

戒珠寺尊勝經幢

王錫書并鐫字咸通十三年八月間人鉥造在山陰見

復齋碑錄

禹跡寺尊勝經幢

王修已正書咸通十五年三月立在會稽見嘉泰志

故浙東都團練使右廂兵馬使濟陰董府君翊墓誌

祝知微撰正書乾符四年十月立在山陰見復齋碑錄

鎮東軍監軍使院記

吳蛻撰天復元年八月立文見掇英集

雲門寺畫華嚴經變相讚。

馬鴻嘉撰田琦八分書在會稽見嘉泰志

千歲和尚寶掌禪師塔碑。

在會稽刻浯山明覺寺見嘉泰志

越王碑。

見鄭氏金石略

雲門寺麗句亭詩刻。

在會稽見嘉泰志

吳越

重建鎮東軍府署記。

武肅王鏐撰唐天佑元年五在山陰見寶慶志

敕封卧龍山神崇善王牒石幢

武肅王鏐刻梁貞明三年立在山陰見寶慶志

重修圓通妙智教院記

武肅王鏐撰在會稽見寶慶志

吴越國武肅王廟碑

皮光業撰丙申八月立當唐清泰三年在會稽文見掇英集

報雲門山淨名菴長老重曜二書石刻忠懿王佐撰有吴越國印在會稽維熙院文見嘉泰志

法華山碑

陸參撰咸平中立在山陰見嘉泰志

重建越州龍興寺塔石刻

景德元年立在山陰大善寺見嘉泰志

會稽論海潮石碑

見西溪叢語按叢語云不知誰氏作今致其詞即燕肅海潮論也文載嘉泰志當是天禧中刻

咸潤法師受業弟子碑

在會稽永福寺見嘉泰志

趙清獻公祖太師墓碑

在山陰承務鄉見嘉泰志

陸左丞佃祖太保昭墓碑

在山陰承務鄉見嘉泰志

唐太守題名記

宋太守題名記

鄭戩撰天聖九年四月立在府廨廳東西壁文見掇英

集

唐祖先生墓誌序

徐鉉撰范仲淹跋康定元年三月立在會稽天長觀文

見擬英集

清白堂記

范仲淹撰康定元年三月立在府廨文見文正公集

送陸軫知越州詩石刻

柳植等撰康定元年六月立在府學見嘉泰志

重建永福院記

慶歷中立在會稽見嘉泰志

袁氏義門記

過昜撰在會稽雲門文見寶慶志

王公池記

齊唐撰皇祐五年立在府廨西園見嘉泰志

小隱縣朱儲石斗門記

沈紳撰嘉祐五年十二月立在通判廨文見掇英集

文見掇英集

志省堂記

沈起撰嘉祐五年十二月立在通判廨文見掇英集

井儀堂記

錢公輔撰嘉祐六年二月立在州廨文見掇英集

望海亭記

刁約撰嘉祐六年十二月立在山陰卧龍山文見掇英集

越帥沈公遺生祠堂記

沈紳撰嘉祐七年八月立文見掇英集

弔王右軍宅文

錢公輔撰在州廨文見掇英集

越州新修子城記

毛維瞻撰治平元年立文見掇英集

曹娥重修廟宇記

齊唐撰治平甲辰立在會稽見嘉泰志

證慈寺記雍熙寺記

齊唐撰在會稽見嘉泰志

褚理撰熙寧三年立在會稽見周必大思陵錄

越州趙公抃救菑記

曾鞏撰熙寧中立見宏治紹興府志文載元豐類稿

禱錢湖院觀音像識事。

葉表撰趙抃刻石在會稽見嘉泰志

寶林院重修塔記。

陸佃撰熙寧中立在山陰文見陶山集

判官廳新建壽樂堂詩。

蘇軾沈立撰熙寧中立在通判南廳文見掇英集

適南亭記

陸佃撰熙寧中立在山陰梅山本覺寺文見陶山集

清思堂詩石刻

張伯玉趙抃撰在府廨見寶慶志

范純仁純口章楶曾鞏晁説之江緯康布題名。

在會稽雍熙院見嘉泰志

子眞泉三字。

康希書在山陰本覺寺見嘉泰志

王右軍鵞池墨池記。

華鎮撰在山陰蘭亭見嘉泰志

唐白居易草書春遊詩刻。

錢勰勒石州治蓬萊閣下見乾隆紹興府志

修南鎮廟記。

王資深撰崇寧五年二月立文見萬歷會稽縣志

唐賀知章二告。

一延和元年加階告四門助教擬宣義郎一開元四年

八月起居郎政和元年勒石在會稽天長觀徙置府學
見嘉泰志

御製神霄玉清萬壽宮碑。
政和乙年立在山陰大能仁寺見嘉泰志

廣教院山壁盧天驥等題名。
陸宰書凡八人政和八年三月刻在山陰天王寺後蔵
山摩崖見嘉泰志

賜天寧萬壽觀道士盧浩真金牙符。
政和中所賜面爲符背鑄御書曰賜其人奉以行教有
違天律罪不汝貸在會稽見嘉泰志

揚時題名。

宣和中刻在會稽禹廟窆石見嘉泰志

王右軍畫像

在山陰天章寺見嘉泰志

天真書院記

在州治見乾隆府志引古今石刻碑目

黃山谷賣馬記

在州治見古今石刻碑目

裘氏義門贈詩石刻

傅惇撰序參李光刻在會稽見嘉泰志

秘閣續帖十卷

蘭亭續刻六卷

在州學見寶刻叢編

南宋

漏鼎銘

無斁漏壺銘

漏盤銘

漏鉦銘

翟汝文撰子耆年篆書建炎二年三〔六〕月刻在府廨譙門

文見嘉泰志

判官廳重新壽樂堂記

傅崧卿撰在通判南廳見嘉泰志

唐臨本蘭亭石刻

辛道宗跋紹興元年五月立在山陰天章寺文見桑氏

蘭亭考

大雅堂記

沈本姓陳山撰紹興中立在山陰尉廨見嘉泰志

王銍題名

紹興中刻在會稽大禹寺菲飲泉亭見嘉泰志

雲門壽聖院記

陸游撰紹興二十七年十一月立在會稽文見渭南文集

高宗御書詩石刻

在山陰至大寺見萬歷府志

浙東提舉題名記

毛平仲撰在山陰見嘉泰志

卧龍山草木記。

吳芾撰隆興二年立在府廨見嘉泰志

重修紹興府學記。

周綰撰隆興二年立見寶慶志

修會稽防海塘記。

李益謙撰隆興二年十月立見嘉泰志

放生池咸若亭記。

曾幾撰隆興中在會稽見嘉泰志　心

修旌忠廟記。

立在會稽見嘉泰志

陳澤撰隆興中立在會稽見嘉泰志

劉忠顯公韐祠堂記。

史浩撰乾道五年七月立在會稽圓通院文見鄮峰真

隱漫録

貢院記

胡沂撰乾道九年立在山陰見嘉泰志

報恩寺應天塔記

錢端禮撰在山陰見嘉泰志

丞相史公浩府學義田規條

乾道中立見嘉泰志

重刻熹平石經殘碑

乾道中洪适刻在府治蓬萊閣文見隸釋

薛純一能仁寺捨田記

陸游撰淳熙十三年五月立在山陰文見渭南文集

天長觀銅鍾題字

王廉潛八分書在會稽見嘉泰志

晉王逸少小字曹娥碑

吳郎中刻在會稽曹娥廟見嘉泰志

重刻王右軍蘭亭序樂毅論并趙跋王仲忽帖

紹熙四年正月趙不流刻置府廨陸游跋見渭南文集

棣蕚堂記

洪邁撰紹熙中立在府廨見嘉泰志

會稽縣重建社壇記

陸游撰慶元二年五月立文見渭南文集

會稽縣覓簡堂記

樓鑰撰慶元四年十月立在縣廨文見攻媿集

會稽法雲寺觀音殿記

陸游撰慶元五年七月立文見渭南文集

會稽縣新建華嚴院記

陸游撰慶元五年八月立在五雲鄉文見渭南文集按明嘉靖中蔡宗兖重書刻石誤立於城中華嚴寺非陸氏當日作記之地

東籬記

陸游撰開禧元年四月立在府治見乾隆府志文載渭南文集

靈祕院營造記

陸游撰嘉定元年五月立在山陰柯橋文見渭南文集

覽牧堂記 袁燮撰嘉定十四年立在府廨見寶慶志

鎮越堂柱記

汪綱撰嘉定十五年九月立在府廨文見寶慶志 按寶慶志載汪綱柱記在府廨有蓬萊閣雲壑清曠軒秋風亭在于秋鴻禧觀有爽氣堂賜榮 俱嘉定十五六年間立未知是否石刻惟鎮越堂記乾隆府志採入金石門茲并附注於此

越王臺三字碑

會耆年篆書嘉定十五年立在山陰卧龍山見寶慶志

安撫司屬官題名記

滕璘撰嘉定十六年立在山陰見寶慶志

重修山陰縣學記

陳耆年撰嘉定十六年立見寶慶志

戒珠寺重修卧佛殿記

釋居簡撰在山陰文見北磵集

浙東提刑壁記

在山陰見寶慶志

錢清鹽場廳壁記 樓鑰撰在山陰文見攻媿集

紹興報恩光孝四莊記

袁燮撰在會稽文見絜齋集

史文卿撰在通判南廳見寶慶志

世綵堂記

王瑞明克謙浸碧亭記

王爚撰咸淳元年七月立在會稽文見乾隆府志

山陰縣重建主簿廳記

黃震撰咸淳五年五月立文見黃氏日抄

紹興府萬柳塘記

黃震撰咸淳七年二月立在蕭山文見黃氏日抄

諭飛勅碑

刻高宗與岳鄂王勅碑陰刻無名氏滿江紅詞在山陰

望海亭見萬歷府志

宋諸陵碑

凡七種在會稽寶山見古今石刻碑目

闕

重刻蘭亭序

紹興府治二　紹興倉司一　紹興府學一　紹興古

剡一　餘姚縣治一　紹興湯氏一　紹興曾氏一

紹興邵氏一　已上俱在宋理宗蘭亭集刻内見輟耕

録

稽山書院記（元）

吳衍撰至元二十八年立文見嘉靖山陰縣志

和靖書院記

戴表元撰大德二年八月立在會稽文見剡源集

三江鹽場興造記

戴表元撰大德三年正月立在山陰文見剡源集

山陰慈恩院法華會記

戴表元撰大德三年五月立文見剡源集

右軍祠塾重刻蘭亭序并詩。

湯壑刻在山陰蘭亭見剡源集

重建會稽縣學記。

程庸撰大德五年立見萬歷會稽縣志

臨池亭記。

戴表元撰大德五年五月立在山陰蘭亭

韓性撰大德中立文見萬歷會稽縣志 亭右軍祠塾文

見剡源集

紹興路學重修講堂記。

任士林撰大德九年立文見松鄉集

會稽唐氏墓記。

戴表元撰在山陰雉善鄉文見剡源集

雲門寺記

虞集撰在會稽文見雲門志畧 五年立見萬歷

帝禹廟碑

鄧文原撰至大四年立在會稽文見巴西文集

重修明覺寺記

韓性撰在會稽文見萬歷府志

南鎮降香記

韓性撰劉洪正書篆額延祐七年口月立在會稽文見

嘉慶山陰縣志

紹興路修禹廟記

韓性撰泰定二年孟春立文見萬歷會稽縣志

集善教寺記

程文撰泰定二年立在山陰蜀阜寺文見嘉靖山陰縣志

榮南鎮祠文并記

周仁榮撰致和元年四月立在會稽文見兩浙金石志

代祀南鎮頌

紇石烈希元撰至順中立文見萬曆會稽縣志

會稽佳山水五字石刻

趙孟頫書在會稽朱氏園中見古今石刻碑目

修山陰縣治記

韓性撰見宏治府志

重修曹娥廟記

韓性撰重紀至元二年立在會稽文見正統上虞縣志

紹興路新學記

黄溍撰見至正十五年溍撰紹興路重修儒學碑

重刻宋李公麟蘭亭禊圖

後有宋曾宏父考究并跋在山陰見天下金石志按此乃至正初總管宋文瓚所刻見黄溍宋公去思碑

重修山陰縣學記

孔灜撰至正二年五月立文見嘉靖山陰縣志

開元寺鐘銘

釋子清撰至正三年鑄在會稽見明洪武中釋文會重

鑄鐘銘叙

重修山陰縣學記。
李孝光撰至正五年立文見嘉靖山陰縣志

紹興新城記。
楊維禎撰至正十三年三月立文見東維子集

紹興崇福寺記。
劉基撰至正十五年立在會稽平水文見誠意伯集

重修山陰縣學記。
劉基撰至正中立文見嘉靖山陰縣志

靈峰寺活水源記。
劉基撰至正中立文見萬曆會稽縣志

會稽徵命鍾（以下西晉代）

晉太興初剡人陳清於井中得棧鍾上有古文奇字十八字其可識者曰會稽徵一作嶽命見宋書符瑞志

越王銅罌

晉太元中謝輶拯郡廳柱下得之題作越王字是今隸書餘不可識見嘉泰志引輿地志

梅花寺古碑

在會稽三街埠見康熙會稽縣志

渴蜆二字

舊傳王羲之書在山陰蕺山書院後摩崖見乾隆府志

跂平寺井碑

國朝康熙中寺僧掘井得之見康熙山陰縣志

稧泉二字。

在山陰婁公埠班竹菴内井口見康熙山陰縣志

漢李氏鏡

此鏡爲朱寶來司馬故物，制作精絶，銘末署款，尤漢鏡所罕覯。寶來名之琛，山陰人，耆金石，收藏古器甚富，與余向有姻連。壬戌春曾一握晤，别甫數月，遽以疾卒，身後家中不戒于火，所藏蕩然，此鏡即從煨燼中檢出，色白類錫，蓋銀汁外洩也。昔人云漢鏡以銀合鑄，於茲益信。

録傅節子先生華延年室題跋

秦漢瓦當文字續集

余夙嗜金石而于古磚瓦當搜羅尤多以其值廉力所能致客秋得程氏瓦當文字喜其仿漢人翻沙法摹拓惟肖因檢所藏瓦當打本楮質與之相似者排比成冊以為續集中惟九字瓦為程本所未載其餘均已著録然彼從錫范濡脱此則拓自原本中朗虎賁識者自能辨之

録傅節子先生華延年室題跋

求荼謇專

曩得求字磚五文字各别此其一也文曰求荼謇無時代細案字体當是南朝物或據説文云求為裘之重文古文省衣此即裘姓省文案古今姓氏書辯證引姓苑云求本仇氏避難改焉漢有求仲又案元和姓纂云本裘氏改焉又考漢書何武傳云武弟顯家有市籍租常不入縣數負其課市嗇夫求商捕辱顯家師古註求姓商名據此則自來古〔固〕有求姓荼謇殆其名也

録傅子式先生邁廬題跋

漢三老諱字忌日記附釋文　傅節子先生釋

右三老諱字忌日記乃其孫邯所作額斷闕姓氏里貫無考左分四列外加界縷其中四五六行不等一二列為祖父母父母諱字忌日三四列為九子二女名字邯亦與焉右通作一長格載記文三行共二百一十七言據所記父母忌日一在建武十七年辛丑一在建武二十八年壬子考列代建武紀元者凡六惟漢世祖有十七暨二十八年正值辛丑壬子與此脗合雖未著禁勒歲月而為東漢初物則無疑義咸豐壬子餘姚周君世熊得之客星山中今藏于家兩浙石刻向以建初元年大吉買山記為最古此則更在建初已前且兩石均出越州足為吾鄉生色買山記已載越中金石記此以晚出見遺近時趙撝叔續寰宇訪碑録始存其目蔣

生沭[illegible]涉[illegible]乙竝録其文惜叢記所釋多誤殊不足據爰與魏稼
孫鹹尹參互審定另釋于右

三老諱通字小父　　掾諱忽字子儀

庚午忌日　　建武十七年歲在辛丑四月

祖母失諱字宗君　　五日辛酉忌日

癸未忌日　　母諱捐字謁君

右第一格凡四行行七字　　建武二十八年歲在壬子五

月十日甲戌忌日

右第二格凡六行行字不等

伯子元曰大孫　　次子邯曰子南

次子但曰仲城　　次子士曰元士

次子紆曰子淵　次子富曰少元

次子提餘曰伯老　子女曰無名

次子持矦曰仲雍　次女反曰君期

次子盈曰少河　右第四格凡六行行字不等

右第三格凡六行行字不等

三老德業赫烈克命先巳汁稽履化難名分而右九孫日月虧

代猶元風力寸第一行邯及所識祖諱欽顯後嗣盖春秋義言不

及尊翼上也念高祖祖字左側補刻至九子未遠所諱第二行不列言事

觸忌貴所出嚴及焦敬曉末孫萧副祖德焉

曩歲丙寅里居姚江周清泉過訪襆贈是刻拓本數通并出跋尾手稿相質藏十餘年疊經友人請乞今夏曝書檢賸行篋勵存

此本亟剪裝成帙手署釋文復屬郭幼安茂才爲録此跋附入册末俾此碑出土顛末有所考見惜清泉墓草已宿不獲重與賞析撫物懷人曷勝傚罔

録傅節子先生華延年室題跋

陳太建四年專

古昔隸楷淵源惟賴碑版以考因變而南朝石刻寥寥又藉磚甓流傳得想見過江士夫書体此磚文所以與金石遺文並重也陳石世無一存磚亦罕覯家君曩得太建四年作者一至德三年作者一書法與隋龍藏寺碑及諸州舍利塔銘絶相似雖各祇五年言而一朝書体藉可考見大概良足珍也至德磚旋爲趙㧑叔大令索去今琢是磚爲硯日置几案以補石墨之闕

録傅子式先生邁廬題跋

吴黄龍元年磚

右磚文曰黄龍元年八月上虞王元方作魏稼孫文何馮竟山司馬各得其一是一範所成趙氏續寰宇訪碑録列之西河漢按漢宣帝吴大帝並以黄龍紀元細案是磚字体秀整稍改漢人渾樸之舊其方折之筆駸駸開神讖碑而尚不甚縱計吴黄龍元年先於天璽元年幾五十載風氣正應爾也五銖錢文旣漢甓所罕覯其上下界畫外作聯珠半形尤與天紀諸磚式合上虞本吴屬地是磚當改屬吴爲允

録傅子式先生過廬題跋

左文襄何蝯叟跋法華寺碑

北海書法照耀宙齋吾越秦望山法華寺一碑尤為傑作敲火礪角原石久亡翻刻本已如蘭亭謹具面目曩見左文襄新疆何蝯叟濟南二複刻本態度各極其妙真古墨續命之湯文襄平定西域闢地萬里奏凱天山投戈講藝讀其跋語雖寥々百餘言風度真有不可及處蝯叟跋語則攷訂詳足為此碑石史以闕吾鄉金石故實合彙錄之 按濟南複刻本現藏山東圖書館

左文襄公跋云北海法華寺碑世稱張本道光初先仲兄景喬先生從勞文毅公許借得一本示余蓋賀耦耕尚書所藏者愛玩不置未久勞復索還光緒三年余持節酒泉督諸軍平西域踈勒既定餘威仍震王霞軒觀察贈我是本屬從事李佐典鈎

泐諸本以廣流傳湖自創見至今蓋五十有四年矣頭白臨邊
追維曩昔髫齔長沙夜讀時也刻成拓一本貽霞軒並原拓還
之識此

何蝯叟跋云李石刻惟大照禪師碑余未及見所見者若戒壇
銘葉國重碑娑羅樹碑東林寺碑皆翻刻失真李思訓碑任令
則碑端州石室記麓山寺碑李秀碑盧正道碑靈巖寺碑龍興
寺額各造妙境而純任天機渾脱充沛則法華寺碑為最勝去
春在吴門韓履卿丈詒此宋拓本攜至濟南付老僕陳芝重刻
神理難追規撫粗具矣高僧傳載曇翼構法華精舍事與碑悉
合惟翼逝後立碑山寺會稽孔道製文不知北海曾及見否此
碑翻本疊出無論筆勢全非即文字亦多肊改如秦望山上增

徐維則自都門輯錄

大唐字與後題唐開元複出括州或作栝州十徽誤十徽基筆
筆作甚或誤不缺陳州邑吏隨國檀施誤作陳隨國施州邑吏
檀傴僂萎花作曇異花有耿投竿作有取扱竿像光發瑞下誤
按臺壓龍首刻石人東海伏靈芝作東海伏靈芝刻石皆訛舛
顛倒可笑未題開元二十三年十二月八日建按新書本傳開
元二十三年起為括州刺史立碑正在其時金石錄輿地碑目
俱不誤翻本十一年十三年皆者謬也戒壇銘開元三年立葉
有道碑開元五年建背題括州刺史偽作顯然盧正道碑以天
寶元年二月立尚題括州刺史上距開元廿三年只八年靈巖
寺碑題天寶元年某月壬寅朔甲十五日丙辰孜是十一月所
立銜書靈昌郡太守者時初改州為郡刺史為太守靈昌郡太

守即滑州刺史其年蓋由括州遷淄州又遷滑州舊書謂由遵化尉累轉括淄滑三州刺史天寶初爲汲郡北海太守新書謂開元二十三年起爲括州刺史歷淄滑二州刺史上計京師出爲汲郡北海太守天寶初李林甫忌之因傅以罪叙次皆未翔實此拓足正諸碑之誤兼糾二史之疏矣近日阮氏兩浙金石志杜氏越中金石志皆從翻本錄入社志云法華寺唐大中時改爲天衣寺碑高八尺六寸廣四尺又引周錫珪跋云碑重立殊陋惡曾見舊拓三種亦不知誰爲真又引萬歷紹興府志云寺後十峯堂有李邕斷碑石按周氏所見定皆翻本上峯堂前斷石或是原來妙斷耶北海書與魯公同時並驅所撰書多方外之文其剛烈不獲令終亦略相似余於顏書手鉤忠義堂

徐維則自都門輯錄

帖收藏宋拓本祭伯文祭侄文大字麻姑壇記李元靖碑於李書見北宋雲麾原石全本於番禺潘氏收得宋拓麓山寺碑於杭州蒐得靈巖寺碑兩段於長清見古拓盧府君碑於崇雨舲中丞處今復得此帖墨緣重疊可云厚幸竊謂兩書公律皆根矩篆分淵源河北絕不依傍山陰余習書四十年堅持此意於兩公有微尚焉苦臂腕孱弱復多眚少專瞻望前哲徒增歎媿耳

楊氏惺吾望堂金石跋云北海法華寺碑原石久佚翻本疊出文字筆法皆失本真近傳道州何氏重開于濟南者考證詳審足訂俗本之謬然其神理難追何氏已自言之余酷嗜金石文字逾三十年凡何氏所臚北海之蹟皆得見之又得見大照禪

師碑及李秀碑全本又藏麓山寺宋拓獨未見法華寺原本先緒甲午三月南通州范君仲林　鍾以所藏相示字勢雄奇墨色沉古乃知何氏刻本雖文字不誤其體格筆蹤失之遠矣據仲林言此碑藏其家數世矣其間得而失失而復得若有緣契者仲林以余好之篤也假而摹之匝月乃竣括州柴几猶能想像遇之何氏稱北海與魯公書律皆根矩篆分淵源河北絶不依傍山陰余意今日所傳右軍真跡何如唐代今日所傳北碑又何如李顔二公所見依人門户不自立面目安能籠括一代智過其師方堪傳受山陰河北皆在合離閒此李顔所以歷刼不磨者也道州書法爲近世一大家余所服膺其不耳食禊序故能獨出手腕然其斷斷於南北之界未知後世視李顔二公爲何如也

徐維則自都門輯録

何如也既為仲林跋于原本越二年以鉤本入木即書其後丙申二月宜都楊守敬

以上見清顧燮光夢碧簃石言卷一

宋義國夫人虞氏墓誌

讀吾鄉趙益甫先生補寰宇訪碑録云宋保信軍節度使趙與華妻義國夫人虞氏墓志道光己酉江陰方可中得於會稽州二都昌原水中余嘗為之跋并願購置家廟以貧無資中止後可中移至杭州庚申以後無從問矣年月遺忘姑書其目以俟見者按此誌全文載魏稼孫績語堂録係德祐乙亥正月趙魏交誼極篤趙著補寰宇訪碑録魏曾與參訂竟未告知足見著書之難二金蜨齋尺牘云義國夫人志弟已裱成立軸既摹刻則可以連拓本奉贈按此則此誌拓本趙氏尚有之而原石久佚矣　以闕

吾鄉金石錄其文於右

義國夫人虞氏誌據會稽潘君良駿錄十八行第四行卅五字餘行卅六字正書趙偁叔云石高二尺二寸廣一尺五寸裁八數咸豐庚申杭州亂佚

先妣虞氏諱與恭世居越之山陰　曾大父諱賓朝散大夫妣

郡郎中知饒州　妣桂氏封宜人　大父諱明夫朝散大夫妣

氏封恭人　父諱卿儒林郎泗州錄事參軍　妣杜氏正獻

祁公五世孫也　先妣生於開禧丁卯五月二日及笄歸于

先君保信軍節度使興華為楚孝節王伯旿之曾孫婦吳宣獻

王師意之孫婦　咸寧郡王希丞之冢婦淳祐七年目榮文恭

王妷婦　特封宜人景定三年進封碩人咸淳六年以孟饗該

皇后欽謁恩　特轉和州防禦使　進封咸寧郡夫人七年該

徐維則自都門輯錄

明禋恩　封禾政郡夫人　先妣稟性溫柔律己勤儉事上以
孝待下以寬接姻族以和處閨門以肅不幸
先君蚤世嫠居謹守柏操甚堅惟延師教子期紹家聲孟寀侍
母游宦入綴宗班未嘗不以承順為先咸淳壬申冬得
旨特轉福州觀察使充　榮王園令奉　侍歸里以便　親養
暮景優游自謂可登上壽忽一夕呼孟寀來前曰吾衰矣勢必
不久復戒之曰忠孝勤儉爾家相傳之道爾宜遵守言未竟倏
然而逝人皆謂此生平好善之應母子相依俄頃永訣嗚呼痛
哉特咸淳癸酉十月一日也享年六十有七訃聞
度宗憫悼特輟視　朝錫腦承秘器以斂頒内帑金以賻　恩
隆世母追封義國夫人綸誥有柔嘉有儀慈儉為寶之褒其為

哀榮可謂至矣男一人孟褰孫男二長曰恕承節郎次道眞尚
幼女四俱忍死以德祐乙亥正月一日奉柩葬于會稽五雲□
□鄉□□之原從 先考也葬日薄未暇乞銘於當世鉅筆姑
識歲月納諸幽孤哀子趙孟褰泣血謹誌
眷末中大夫直祕閣會稽縣開國男食邑三百户趙時彌塡
諱

附近人題字二段

道光乙酉六月江陰方可中得此石一角于禹陵北二里使人
求諸河三月乃尋金石案夫人爲宋度宗世母葬應不薄今墓
無可考矣石泐其姓諱視是廣非廬知紹興府事漢軍徐榮記

右正書二行在誌前

徐維則自都門輯錄

此刻雖五百餘年文中諸人妙是越州名賢可寶貴也己酉六月得此石因記中可注　石行書二行在誌後

金石各刻之前知

術數讖緯之學在虛無縹緲之閒附會者於金石文字亦神妙其說若爲信有其事是可笑矣兩浙金石記云晉保母磚云後八百餘載知獻之保母宮於茲墓磚出實八百三十八年獻之前知異哉臨桂況夔笙先生蕙風簃隨筆云唐賈夫人墓志末一行云後一千三百年爲劉黃頭所發道光初元氏縣人劉黃頭墾地得此碑李輔光墓志銘末云水竭原遷斯文乃傳某年滹河南岸崩壖水絕流三日是碣適出故古者因謂唐人術數至精　按賈夫人之葬爲建中二年距道光才及千年錢儀吉辨之唯劉黃頭之名乃巧合耳　夷堅志云怡州郡圃有亭曰天

繪郡守李丕以犯金年號易之曰清暉後眡積壤中有片石刻云予擇勝得此亭名曰天繪取其景物自然也後某年月日當有易名清暉者為一笑此與前兩事相類又池上草堂筆記錢梅溪曰秦蓉莊都轉購得族中舊第土中掘一小碣上有字曰得隆慶失隆慶後改此宅建於前明隆慶初年其售與秦家以乾隆六十年立議嘉慶元年交割故前為得隆慶後為失隆慶也則是明人猶精此術矣方氏彥聞河南縣志云唐范夫人墓志銘中有長夜窮泉兮一閉千年自此志於乾隆二十七年出土距唐天寶三載恰符千年之數銘曰一閉千年遂為讖語又適於道光三年搜來入志歲次亦在甲申蓋甲子十八周矣脗合之奇亦非偶然羅氏叔蘊遺趙洪專誌跋云誌有千七百年為樂受所發語與董穆墓

徐維則自都門輯錄

誌末記爲張大安所發唐李君妻賈氏墓誌一千三百爲劉黃頭所發語正相似賈誌以適先三年出土上距唐建中二年計千又四十三年今此專自開皇乙酉至今適得二十二乙酉計一千三百二十年亦不合七百年之數意此等乃當時好奇者隨意妄書非真有先知之術也又汲縣新出土唐天寶二年正月李宗墓誌末記葬後一千七百年有張大安所發年數亦不符

以上見清顧燮光夢碧簃石言卷二

·宋謝景初書孝經碑·

台越府學內宋熙甯壬子八月孝經刻石爲北宋謝景初所書兩浙金石志誤爲張南軒書陸氏存齋儀顧堂題跋以南軒生於南宋紹興三年上距熙甯壬子六十二年不但南軒未生即南軒之

父張浚亦未生識文達攷證之疎陸存齋儀顧堂題跋卷八云兩浙金石志十八卷阮氏輯卷六載有宋張南軒手書孝經碑欵題熙寧壬子八月壬寅書付侄慥時宴鄧之廣寺居東齋南軒書案張南軒名栻字敬夫廣漢人卒于淳熙七年年四十八見朱文公集右文修撰張公神道碑記據此當生于紹興三年上距熙寧壬子六十二年不但南軒未生即南軒之父張浚亦尚未生耳文達疏矣不知此碑為謝景初所書碑敘居東齋南軒乃東齋之南軒非人名也陸氏未見越中金石記杜氏越中金石記蕭山王兆蘭書後云孝經不刻不載書者姓名亦不詳刻時歲月據歐陽永叔譔知鄧州謝墓銘及山谷集任淵註續會稽掇英集詩王介甫譔謝景平景回墓誌辨任後所題書付侄慥為知越州謝景溫之子景初之侄景初即謝絳之子此刻即景初所書熙寧六年所刻以證乾隆紹興府志等書指南軒二字以為張敬夫書之誤又未攷廬陵集以疏識文達不知已亦疏矣

越中石刻九種

吾鄉王子獻先生繼香以翰林改官知府聽鼓河南署河南府為同僚所紿未能接篆鬱疾終於某權局差次文人坎壈始命宮磨

徐維則自都門輯錄

蝎耶先生酷嗜金石，雅善篆隸，曾讀其石印越中石刻九種原序云：越中金石甲於兩浙，杜氏記后又七十年，壞刻瑋文日出不已。悲盦既逝，湖湄亦亡，賡桴無人，湮佚滋恩。爰檢舊拓小品，益以所得，付諸石印，略存古文，甄摧免勞，波磔畢見，用餉同嗜，亮符賞心。至若豐碑巨碣，嬗事增華，姑从闕如，以竢博雅。光緒二十二年歲在游桃潬九日王繼香子獻甫識。羅故鄉之珍品，聯古墨之奇歡，釋跋文字亦極古雅，原書世少傳本，特錄存之。

漢黃龍專

按黃龍紀元者，漢宣帝與吳大帝兩朝。宣帝建元七，其末為黃龍，止一年，歲在壬申。陸竺丝比部舊藏黃龍三年專，字體雄放，與此迥殊，此西漢文字遺古所由勝於孫吳也。造專上虞王元方，山陰徵士沈復粲所臧，刧後蜀岷易餱糧，分歸魏子登文房，廿至前事能思量，我詒但志交情長，愧尔不輕去其鄉。撝叔作，同治丙寅。

右西漢黃龍專二上虞王元方作始同出一范者本山陰沈霞西老人藏范其一專斷文完叔后歸仁和魏稼孫乞趙撝叔先生作跋其一專完而黃字已損為何竟山太守所得或以專側五銖泉連銖等紋與天璽天紀諸專相類疑為孫吳時然以字體論其為西京古甓無疑太守仲嗣豫才孝廉持示拓本爰命大兒祖求橅真焉端

東漢建寧買山莂

錢竹汀官詹云古者書契多以竹簡故傳別字或从竹莂隸变作莂与移蒋之莂相混此莂朗然作莂猶存古意

五風里見嘉泰志即今山陰北鄉安倉鎮安倉今作安昌其地尚有馬街橋可證

徐維則自都門輯錄

建寍墓塼五

此叀兩側有文以甎文推之番延下當有壽墓等文惜已殘矣

其正面作麻布紋

魯卓叜得之作硯以贈　何竟山太守然題七言律於背注釋頗詳且云北鄉安昌鎮潘氏望族此或其祖塋特以年遠宗牒失考耳

右建寍潘延壽墓甎泉北鄉五風里墓塼各一拓乃　魯文卓叜所貽其後墓塼四則安昌馮子鹿伯所拓示也光緒甲申同時出蕭山縣東杭塢山古壙中建寍為東漢靈帝年號作太歲戊申距今甲申出土實一千七百一十七年當時僅見後四叀僉疑馬衡為人將作為官詢見墓甎與五風里一塼始知為潘延

壽墓而馬衛將殆其官名歟然漢史無徵惟五風里見嘉泰志
可證耳曩余客明州陶湘衜學使首以新出漢專詩鄞示及歸
里門沈雲颿贊卿兩廣文潘𣖏石布衣先後以馬衛將作專見
贈近歲歸自京師庇伯躬致塼拓幾如笥束其手自琢硯勒銘
者蓋不下二十餘塼而蓟與五風里一專固未嘗寓目也益嘆
阜安博蒐精鑒爲不可及矣茲彙集拓本於此并志諸君子惠
我之誼惜二沈與陶潘兩君墓久宿艸不獲相與賞晰爲可慨也
燔鉞窯甓杭山出重簪文斑斕炎鐂迄今幾遷安咄余寸土猶
屬滏
瑶仙觀詧　永用　丁亥八月王繼香詺
余爲友人詺建寍專者先後不下八九方皆忘之矣頃猶子祖

徐維則自都門輯錄

烈檢呈予繼業子鐻所拓本蓋丁亥秋中爲卓寔會又勒詺者坿存於此以見一斑

吳神鳳買冢莂

此吳神鳳孫氏買冢莂亦卓寔所貽拓本按鳳皇山在杭州府南其爵與人史志無文其字體隸楷相雜遒勁可喜足與建寍太康兩莂鼎峙莂之音義制度錢官詹金石文跋尾攷甚詳至此莂何年出土何人藏弆師丹健忘不能舉之矣

吳永安朋塼

宋淳熙癸卯陸放翁家鑿渠得塼文曰永安五年七月四日造見嘉泰志蓋後此一年也南宋距今七百三四十載當時偶獲古甓著之志乘已珍重若此况今日乎

光緒己卯嘉平余與六弟子詒雪中登臥龍山經龐公池頽垣中得此斷甎按永安紀元者五惟吳景帝至七年景帝以戊寅十月改元四年正歲在辛巳也餘則僅一二年其爲三國時物無疑旋役鄞寓留東於斜楣老屋焦尾樓下庚辰二月四里將製爲硯而閩子詒以穰母疾請代自投月湖叔遂擲東而東洎辛巳冬始擕之四明壬子八月方謀磨琢復丁終堂之慼未幾扶服四里倉猝中又失之至今悵恨頃从故紙中檢得打本猶是子詒曩時手拓者人琴俱亡對之泫然

晉太康買地甎

舊藏太康瓦甎拓本忘其來處證之金石契橅本肥瘦胳合惜紙質黴腐觸指便碎爰詒大兄祖杰小兄祖榮影鉤廓塡一本

點畫波磔豪釐不差視金石契有過之無不及也

右太康瓦莂萬秝初會稽倪光簡剢地內掘得之柳元穀購之以易徐天池畫後歸山陰童二樹家今不知尚在人間否詳在徐文長集葉氏金石錄補錢氏金石文跋尾續張氏金石契及杜氏金石記茲不復贅

晉王大令保母專志

釋文其沒滅處依越中金石記補十五字以小字别之

郎耶王獻之保母姓李名意如廣漢人也在母家志行高秀歸王氏柔順恭懃善屬文能草書解釋老旨趣年七十興寧三年歲在乙丑二月六日無疾而終（中冬既望葬會稽山陰之黃閍岡（下）殉以曲水（小）硯植雙松於墓上立貞石而志之悲夫後八

百餘載知獻之保母宮于茲土者尚□□焉

刻高一尺三寸廣一尺二寸元蹟十行行十二字

保母吏志始末詳載金石粹編及越中金石記其宋元已來名人題跋則鮑氏知不足齋刻叢書中四朝聞見録後專以宋嘉泰壬戌六月出山陰黃閑古壙中距大令晉興寧乙丑書碑時實八百三十八年時大令年才二十二而能前知如此有類漢滕公石室三千年後曹娥碑五百年後之語宜姜白石目爲至寶連作十跋賞其有七美謂不特書法類蘭亭也惟此專出土歸王千里幾未久即爲韓侂胄所奪复旋入祕府淪爲灰燼故拓本傳世極鮮董文敏則从周公謹藏本摹入戲鴻堂法帖雖增減行字以就帖式不免爲大雅所譏然王氏稱其鉤勒精

徐維則自都門輯録

工直與真蹟無異今則不特真蹟絕世即戲鴻元拓亦罕見矣
魯卓安舊藏戲鴻元拓十年前曾乞余跋尾茲又從其借印以
公諸世不惟為越紐之先亦大啓青箱之祕矣
黄閍地名嘉泰寶慶二志俱未載杜氏引宋王英孫詩有名
重黄閍九里山之句謂九里距禹陵里許而黄閍無攷余外
王考
俞蕚樓贈公嘗築生壙於黄閍嶺余童時嘗躬履其地俗詩
會稽山去謝墅山步約十五六里又官山壘聖姑廟前有宋
嘉祐二年界碑有同□至會稽縣祊村可證也尔疋閍謂之
閍祊同廟門亦巷門也朱竹垞老人題徐尚書原一所得保
母志拓本嘗詳箸之

齊永明石佛背銘

此紙右二十年前亡弟手拓者人生安得汝壽悲夫

嘉泰志云石佛妙相寺唐太和九年建號南崇寺會昌廢晉天福中僧欽於廢寺前水中得石佛遂重建焉石佛高二尺餘背銘十六字筆法亦工案會稽未嘗號吳郡此石佛既得中之水中又一人可負之遙而者安知非吳郡所造而遷於會稽耶

杜氏金石記引三寶感通錄云晉建興元年松江漁者遙見二人浮游海上吳縣朱膺聞之潔齋迎之二人隨潮入浦漸近漸明乃知石象背還通元寺象高七尺背銘一名維衛一名迦葉據是則維衛象本在吳郡通元寺好事者因就其地模造迎歸供敬耳

徐維則自都門輯錄

隋大業龕塼

此甎為山陰魯卓叜觀詧燮光家珍已手琢為研余嘗借得之

留簽頭數月搨取數本以詒同志按餘暨即今蕭山縣趙沾名

足補邑志職官表之闕卓叜祖貫蕭山可云楚弓楚得矣

唐開元堪塼

此唐參軍李瑩所造永安寺佛堪塼也亦卓叜所藏嘗手搨

其文示余及何豫才孝廉按嘉泰志會稽有永福寺而不及

永安寺其列銜徵之史志亦皆不合又按府志職官唐特君佐

李氏最盛而獨無參軍李瑩書缺有間可勝道哉

以上見清顧燮光夢碧簃石言卷四

錢竹汀先生竹汀日記刻繆荃孫藕香零拾叢書

初八日己亥晴　晚登紹興府署東大觀樓，城中煙火萬家，歷歷可數。南望怪山如相拱揖，東望王家山，蓋即蕺山也。由樓後盤旋而上，過五賢祠廢址，已鞠為茂草，旁有石甃小池，水猶不竭，匡下鐫「龍湫」二字，又有「嘉靖己酉十二月」云云，視之未審。又西更上數十步，有碑，康熙中知府李鐸所撰可忍堂也，今堂亦無存。

初九日庚子晴　由大堂後堂為俞守鄉重建，本名又新堂，今易以公正。俞守於大堂築堂九楹，名之曰思補，今止存三間，亦殘毀。緣磴而上，舊為松風閣，今無一椽，惟石上刻晦翁書「與造物游」四字尚存。又上一層，地亦平坦，更折而上，平敞如前，皆昔人置亭館處。西為望海亭，與此相值，為廨牆所限，不得往。仍由向路而下，東為巽然亭，舊供純陽祖師象，今供大

徐維則自都門輯錄

士象嘉泰志廳之後為蓬萊閣今不可問秦少游詩林聲槭槭動秋風共躡舟梯上卧龍路隔西陵三兩水門臨南鎮一千峰湖吞碧落詩爭發塔湧青冥畫幾重兆是登高能賦客可憐猿鶴自相容竊意松風閣即蓬萊舊址洪文惠常嘗摹刻漢鴻都石經遺字於蓬萊閣今世無傳本過此增人懷古之思

十四日乙巳晴　出府儀門西緣石磴逶迤而上登望海亭亭踞卧龍之巔四望空闊直北海氣微茫一綫縈白東南則千巖萬壑青翠疊映西則平疇方罫淺水通舟纖悉可數小坐石闌久之乃下將訪城隍廟西南取道過山陰縣廨後入停雲禪院又西即城隍廟入門石為崇福侯廟記其碑陰則紹聖中重修廟記也吳賾撰王仲專書左為怡佑公勅牒其陰則紹興元年賜額顯

寧廟勅殿前香爐一明萬曆三十年所鑄周遭刻施錢人姓名惟東閣大學士朱賡題字（别爲一行）廟門外有照牆由西出有碑亭亭中爲明人碑亭左一碑嵌壁間文多漫漶首行題重修顯寧廟碑疑亦宋刻此廟尚是唐宋遺迹元時更立廟於山麓相去里許土人因目此廟爲上廟廟之北麓爲包公殿神洲殿

廿九日庚申陰　出儀門右旁有元紹興路總管府推官趙承務及貢承務去思碑各一並李節撰李中立書泰不華篆額明成化中重立又有紹興府地圖碑明成化中刻其陰則邱瓊山所撰水利記也再登望海亭雨後山色益蔥翠千巖萬壑如披圖畫亭後有徑石出大石林立多唐宋人題名其可辨者云貞元己巳歲十一月九日開山其後續題云後三百年元祐戊辰游卧龍

徐維則自都門輯錄

山八分書殊有法其下則題點刑獄呂升卿題名餘未及讀擬募工盡搨之皆郡志所未載也

初八日戊辰晴　是日遊戒珠寺王右軍故宅也寺門外有池池上石幢漫漶不能讀登蕺山上藂竹亭謁劉念臺先生及湯太守祠祠前爲書院諸生肄業於此山之巔有白塔俗稱王家山其東麓有天王寺欲往不果仍出寺南行二里許至開元寺本董昌故宅吳越武肅王改爲寺寺門外有石幢當時是唐宋時物次遊怪山入清凉寺寺後浮圖七級所爲應天塔也登初層倚闌四望目極千里了無障礙塔下有張元忭所撰許公祠記元度官止丞相掾張記題爲晉丞相此不學之過也

初九日己巳晴清明節　出常禧門（即旱偏門）登舟西行過何山橋沿

亭山之麓而行行數里乃回至偏門沿城折而東過殖水利門稽山門南行五六里謁大禹廟廟左為窆石亭石高不及丈下豐而上削似秤錘然土人謂之秤垸石上有一穿右半隱隱有字似漢隸旁有會稽令趙與㘰來游男孟握侍十二字八分書又有題名二行云員嶠真逸來游皇慶元年八月八日出廟門左行有坊其上有碑亭大書大禹陵三字又南行二里許為南鎮廟入儀門右有鄧文原南鎮廟碑書法甚工大殿像設甚嚴其後殿為夫人象兩廡郡人祈夢於此頗有驗儀門左右各有夾室豐碑林立拭苔一一讀之其可稱者於左得元碑一韓性所撰降香記也於右得元碑四其一為大德加封四鎮聖旨碑其陰則監郡也先帖木兒所撰記也其一為南鎮廟官田記韓

徐維則自都門輯錄

性撰并書碑陰則記田畝之數其一為至元二年代祀記烏馬兒撰其一為重修南鎮廟碑泰不華書儀門之外東西各有碑亭東有元碑一至元五年代祀記揭奚斯撰并書碑陰為元統三年代祀記西亦有元碑一至元三年代祀記林宇撰并書以上紹興

以上見清顧燮光夢碧簃石言卷五

隋吕超殘墓誌

大江以南隋以前石刻已寥若晨星銘幽之文更同星鳳晉保母甎誌佚已多年此外未見發現之品近年河洛區域時出古珍南方惟粤東出前陳劉猛進墓碣亦隋刻也戊午正月訪戴山陰徐君臣遜出示隋吕超墓誌拓本殘蝕過半存字僅百餘用筆如綿裏針蓋猶鍾王遺意石於丙辰十一月嶠陽謝塢出土為陳君國

賢所得張君掞元著有跋語攷訂亦詳因吾越瓌寶合著錄之

呂超殘墓誌 正書 拓本高一尺二寸廣一尺四寸後半已殘蝕行數不可計每行約二十餘字

□□□墓誌

□故龍□將軍隋郡王國中軍呂府君諱超□□□□東平人

□冑興自姜奄有營邱飛芳□□□□□□□□□□宦鄉邦

今居會山陰□□□□□□□□□□□令譽早宣故孝弟出

□□□□□□□□□□□□風猷日新而脩財有□□□□

□□□□□□□歲在己巳夏五月廿二□□□□□□□□

□□□一年冬十一月丙□□□□□□□□□□□□□同

□中軍將軍劉□□□□□□□□□□□金石銘誌風烈者

□□□□□□□□□□□□□□清猷白雲□□□□□□

徐維則自都門輯錄

□□□□□□□□□□知應我以下字多泐

此石丙辰十一月在蟠陽謝塢出土即被開厌石工斷而為二鋪石路中丁巳五月爲内弟陳國賢季才所見出数金易之携歸洗視可識者尚及百字後半石已磨滅殆盡年號亦損泐不見惟干支已巳尚可辨識知為隋煬帝大業五年因查隋紀一巳巳也君諱超史册不載無從詳考官銜龍字下疑為騎字考隋曾置龍騎將軍書法似董美人誌秀逸過之予即手拓八紙此其一也丁巳五月松島張拯亢識

以上見清張樊光楚碧簃石言卷六

徐維則自都門輯錄

苻秦廣武將軍碑在陝西宜君縣石已佚

稷山論書絶句曰廣武將軍號大酋北史羌之酋豪曰大以官為氏故碑陰有酋大之稱細筋宕逸氣雄遒善移部位迷方物衣鉢千年蜕道州何蝯叟晚年多參此碑妙諦宣統三年歲辛亥五月跋於姑蘇旅次東湖居士陶濬宣年六十有五

以上見清顧燮光夢碧簃石言卷五

此跋應在錢竹汀先生竹汀日記之前

徐維則自都門輯録

東陽何氏蘭亭原石

定武蘭亭原石久佚五字未損之本在元時已不易得欲求紙墨於肥瘦之間複本至百數十本古今聚訟紛如亂絲而蘭亭幾無真面目矣東陽郭君子衡為樊言東陽縣東南四十里南上湖何姓家藏有定武蘭亭原石已裂為三子孫分藏孟仲季三房如欲合拓定章洋二十六元至為珍貴非彙聚不能氈拓傳本極稀是蘭亭真本尚在人間與何朔漢劉熊碑陰經予訪得同一愉快訪古搜討之功烏可緩哉戊午仲春郭君旋里以拓本郵示雋逸迴異俗本並何氏士英原跋

王明清揮麈錄云薛紹彭既易定武石刻為陵祐取入請康之變藏御府者殆無遺物而此石獨留宗汝霖為留守見之緘以馳進高宗駐蹕維揚置諸左右踰月兵至既渡江遂失此石及向子固為揚帥令冥搜之竟不獲余承之兩淮鹽使實治維揚石塔寺者古之木蘭院也寺僧浚井得蘭亭本缺其一角字多剝落其紹彭所易高宗所失者歟昔黃庭堅與周子發游荆得名本

蘭亭意唐時臨仿多有存者南宋悅生堂禊帖廖瑩中泰定武諸本命工王用和勒石幾至數千餘匣余幸得渡（諸）未渡江以前者計中間遺失凡三百有二年朝廷寵貺臣已身受之許一片石以遺子孫尚世守之勿棄諸榛莽可也正統丙辰季夏望日何士英自識

跋張元忭何氏家藏石刻蘭亭文（序）歲

歲壬辰何君靜虛自婺來京持定武石刻蘭亭屬余紀顛末因言曰永和九年三月三日王逸少輩四十二人修禊事揮毫製記乘醉而書若有神助祕藏於家塾凡七傳陳天嘉中為僧智永所得太建中中獻之宣帝隋平陳又獻之晉王廣廣勿之寶歸於僧智果智果傳弟子辯才藏寢室之梁下唐太宗好二王書法使歐陽詢求得之詔虞褚輩臨本賜諸藩而真本殉葬昭陵高宗以歐陽詢臨本易之留真本於內解祿山內亂六御蒙塵郭令公得之至德初馳進靈武石晉末德光掠而北至殺虎林中原兵振德光逃歸因棄此石慶曆時李某得之宋仁宗以御金輪置官命薛師正藍守師正翻刻贋本貯庫中而真本命子紹彭竊負歸紹彭得之刻損天流帶右四字暗記其真偽大觀時蔡京願覺之矯詔索取紹彭子嗣昌不能隱進於宣和殿汴梁失守汝霖為留守得之越明年匣進行在康王置諸座右以捐本待有功者金兵入天長宋高倉卒渡江命內臣投於石塔寺之井中臣庶不知也東陽一白公何士英歷事五朝既南還圖書藥爐外無長物也天子每稱公為天下清官第一當轉運時於石塔寺中得此石時公匣至京師　章皇帝詔賜攜歸噫此石自唐迄今千有餘載今

徐維則自都門輯錄

為都運公所得豈公上宣主德下達民情而清風高節饜天心故以此石報公耶若夫機務之飛揚骨力之古勁名公鉅卿言之詳矣奚俟余言奚俟余言賜進士第翰林院修撰山陰張元忭撰

二篇記何氏得蘭亭原石纂詳茲取東陽縣志證之信而有徵蓋何氏士英明永樂間為兩淮運使得之於揚州石塔寺井中携回東陽萬歷間邑令黄文炳就觀既畢納諸輿何氏子孫遮道喧聚輿不獲前黄投諸地石裂為三士英長子𢿱號静虛子孫分藏之按明人最重帖學此石以僻藏東陽得免豪奪世無蕭翼就能賺之阮氏修兩浙金石志竟未列入知天壤壤寶湮没者多豈獨蘭亭已哉高君欣木云何氏蘭亭以後無一白堂三字拓本者為最佳今已不易覓矣

附郭君子衡所繪蘭亭原石圖

圖係戊午三月郭君回東陽縣向何氏仲房親觀原石時

所繪郭君亦有心人哉

石之正面

永和九年

凡十八行永和九年起至以爲陳逵猶丞

石之反面

隨事遷

凡十二行隨事遷起至有感斯文止

以上見清顧燮光夢碧簃石言卷六

徐維則自都門輯錄

魏氏稼孫績語堂碑録　同治乙丑臘月廿八日自里門渡江訪碑住會稽趙撝叔家次日同觀禹陵窆石亭丙寅正月三日拏舟獨遊拓一紙次日遊妙相寺亦稱石佛寺在五雲門外五里地名塘下金拓南齊石佛背字偽叔皆為題記此六七日訪碑之暇與撝叔息傅節子何竟山兩君道古甚歡節子贈余汪刻金薤琳瑯劉太乙金石續録魏高植墓誌淡拓本青浦王氏舊藏宋元碑數通其意甚厚余從沈氏書肆得明刻隸釋又黃龍元年軌一人日遊跳山土人呼跳山頭問跳山則不解觀建初大吉摩厓旋以事赴甬上得山左金石志兩浙金石志金石契高刻小蓬萊閣金石文字明拓整幅北魏弔比干文等碑中金石契兩部分其一贈節子余復獨遊跳山信宿徐姓家拓大吉摩厓成石為山陰杜氏買真書券納粮屬徐姓守之摩厓施拓尤難鄉中小兒多告余地有馬熊初謂讕言後知往年果有野獸傷人還訪述菴於陶家堰同詣撝叔既至郡城記失所匣一於航船急棹小舟至東關取之中有鄭石如刻二印乃郡中孫氏世守之石節子借拓者趣日偕兩君渡江旋里時廿有二月矣嘗恨大

江以南古刻淪毀而越中巋然存漢石二孫吳蕭齊各一足爲山川生色君家距越甚近承平時忽不措意直至兵火後閒關跋涉而得之人情賤易貴難大抵如是抑友朋金石之樂具有因緣非其時不可强邪

●漢樊毅修華嶽廟碑●

余友徐君吕隱維則己丑舉人治金石目録諸學撰有東西學書録余曾續補若干種合印之羅氏叔蘊台州金石録序云又吾郡杜氏越中金石記其書詳矣善矣然予二十年前在郡城閒徐以遜大令所儲郡中金石刻墨本其出杜氏外者與杜氏所著幾相埒也大令有賡續之志而未之就予曩嘗通書大令欲乞其墨本自任編寫之役亦未果斯願然寸心耿耿懷之不能去輸怡京卿篤志好古益徧徵諸郡其有成書未刊者盡刊之則予亦將與大令謀竟此二十年未竟之志異日書成將並以授京卿京卿其有意乎篤古好學隱居越之棲凫小築園林環山枕水研究種植諸學熙熙有太古之風無懷葛天於兹再見所藏漢光和元

徐維則自都門輯録

年樊榖修華嶽廟碑為世孫本羅氏亦蘊再續寰宇訪碑錄曾著錄之呂隱為吾越名族折節讀書樂交名士故其學樸實所集石墨奩碑錦若干冊片石吉光多世珍品手自標題極為精美等於范循園先生之吉光零拾囊曾贈燮光家藏漢唐殘石專甓拓片多種均綴跋語學力過人不苟如此惜行篋未携未由著錄為悵悵耳至所拓越中金石各墨本六百餘通於丙辰夏五月全數贈兩浙通志局編入金石志中是年秋訪碑於建德桐廬得元明碑刻凡百餘種焉

以上見清顧燮光夢碧簃石言卷六

徐維則自都門輯錄

宋隱真宫記跋（節錄）

朝議大夫直煥章閣（閣）新知婺州謝奕修（題名作奕修）字愈修臨海人丞相深甫諸孫大理寺正采伯長子歷知安吉（湖州府志謝奕修嘉熙三年七月以朝奉郎知安吉州四年正月奉旨興祠）婺州溫州越州（紹興府志云寶祐五年知）等州軍事兩浙提舉茶鹽司見浙江通志寶慶會稽續志提舉題名云謝奕修寶祐十一年以朝議大夫直華文閣閏十月初十日到任十一月初四日丁父憂又安撫題名謝奕修以中奉大夫太府卿除祕書閣修撰寶祐五年八月四日到任六年七月四日除右文殿修撰賜紫章服依舊任開慶元年八月一日除集英殿修撰依所乞提舉隆興府玉隆萬壽宮仍賜金帶許令服繫二十一日交割與屬待制文俞台州札記謝奕

七

修仕至寶謨閣直學士提舉神祐觀開國男食邑五百户合

卷七

以上見清臨海黄瑞台州金石録

徐維則自都門輯録

武肅王鐵券

陸游放翁文集游案唐昭宗乾寧四年遣中使焦楚鍠賜吴越武肅王鐵券以八月壬子至國是歲武肅始兼領鎮東節鉞出師大敗淮南兵十八營定婺睦蘇湖等州而鐵券適至蓋其國始盛時也及忠懿王入朝以其先王所藏玉册鐵券置之祖廟不以自隨淳化元年杭州守臣以鐵券玉册并詔誥等悉上之於朝時忠懿王已薨太宗皇帝復以册券賜王之子安僖王惟濬安僖王薨券歸文僖公惟演文僖公薨券傳仲子霸州防禦使晦霸州侍仁宗皇帝燕閒帝問先世所賜鐵券欲見之霸州并三朝御書以進帝爲親識御書之末復賜焉文僖之孫開府公景臻尚秦魯國大長公主游年十二三時嘗侍先太夫人得謁見大公主鐵券實藏卧内狀如筩瓦今七十餘年乃得見録本於武肅諸孫槱家後十字

蓋文僖手書游家舊藏文僖書帖亦有押字皆與此同武勝軍節度使印則文僖尹洛時所領鄧州節鉞也

陶宗儀輟耕録吾鄉錢叔琛汎瓚乃武肅王之諸孫也其家在郡城外東北隅亭臺沼沚聯絡映帶猶是先朝賜第與余相友善嘗出示所藏鐵券形宛如瓦高尺餘闊二尺許券詞黄金商嵌一角有斧痕蓋至元丙子瑞棻當十三年即宋帝㬎德祐二年天兵南下時其家人竊負以逃而死於難券亦莫知其所在越再丙子漁者偶網得之乃在黄巖州南地名澤庫深水内漁意寳物試斧擊之則鐵焉因棄諸幽一邨學究與漁鄰頗聞賜券之説買以鐵價然二人皆不悟其字乃全也有報於叔琛之先瑞棻名世珪者用斛十穀易得青氊復還識為異事特余就録券詞一通叔琛又取當日武肅謝表稾併録

徐維則自都門輯録

之案史唐僖宗乾符五年王仙芝餘黨曹師雄寇掠二州浙杭州募兵使石鏡都將董昌等將以討之臨安人錢鏐以驍勇事昌為兵馬使中和二年昌為杭州刺史昌謂鏐曰汝能取越州吾以杭授汝鏐攻克之昌遂徙越以鏐知杭州事三年昌為越州觀察使鏐為杭州刺史昭宗景福元年為威勝軍防禦使二年為鎮海節度使乾寧二年昌僭號鏐遺書曰與其關門作天子與九族百姓俱陷塗炭豈若開門作節度使終身富貴耶昌不聽鏐以狀聞削奪昌官爵委鏐討之三年昌伏誅鏐令吏民上表請兼領浙東朝廷不得已以為鎮海鎮東節度使改威勝曰鎮東天復二年進爵越王天祐元年更封吳王梁太祖開平九年以為吳越王乾化二年加尚父末帝貞明二年以為諸道兵馬元帥三年以為天下兵

馬元帥龍德三年以為吳越王鏐始建國儀衛名稱多如天子之制惟不改元置百官有丞相侍郎客省等使唐明宗天成四年削鏐官爵初鏐嘗遺安重誨書辭禮甚倨及朝廷遣奉使烏昭遇韓玫使鏐還玫奏昭遇見鏐稱臣拜舞重誨奏賜昭遇死鏐以太師致仕自餘官爵皆削之長興二年鏐卒鏐寢疾出印鑰授子元瓘曰子孫善事中國勿以易姓廢事大之禮卒年八十一史稱乾寧三年秋九月以鏐為鎮海鎮東節度使而券詞乃四年八月何耶史稱儀衛名稱多如天子之制惟不改元程大昌演繁露云寶正六年歲在辛卯見封落星石制書辛卯乃唐明宗長興二年寶大元年羅隱記新城縣記云癸未歲癸未乃唐莊宗同光元年以此知吳越雖禀中原正朔既長興同光年號與其寶正寶大同歲而

徐維則自都門輯錄

名不同知吳越自嘗改元審矣

陶澂鐵券詩序吳越武肅王錢鏐唐昭宗乾寧四年賜鐵券其事史載頗詳宋末兵亂券沒水凡五十六年為漁者所獲其十四世孫世珪始購得之時元至順二年推券之失當是景炎元年也明洪武二年上將封勳勞之臣遣使者訪其家尚德負券及五王像來詣闕下上特御朝與羣臣共觀命工做其制不盡肖上乃還券禮遣東歸其後台州亂其二十五世孫珍負櫝匿山中乃免辛卯四月予避台州與顧子赤方得共觀券々字金色爛然因沒水久後多半剝蝕獨首行嗣字為明高皇帝引佩刀剔去以觀刻畫之淺深者世守垂八百年失而復得豈非鬼物呵護之力哉

齊召南鐵券考謹案鐵券文三百三十三字其畫皆外狹中寬晶

光閟鑠詞語溫純忠懿王入朝詔賜藏之汴京昭化坊賜第神宗時駙馬都尉景臻尚主宗器屬焉券遂安於都尉之第靖康元年金人入寇詔公主子榮國公忱奉母出居於江南以券行因避地湖湘閩紹興元年還台高宗遂即台城崇和門內賜公主第由是券世藏於台之美德坊德佑二年丙子元兵南下破台時其家人竊負以逃莫知所在迨至順二年辛未漁者偶網得之宗子叔琛之兄世珪用十斛穀易得之明太祖洪武二年其十五世孫尚德元末官青田教諭實寶藏之尚德者即世珪子也奉詔以進陛辭日命還券象劉基宋濂王禕等咸贈以詩永樂五年正月差行人曹閏馳驛至台十七世孫廣西參政汝性同行人奉券進呈覽畢以禮敦遣藏於宗子鳳埠家前後數百年中其間或顯或晦皆若

徐維則自都門輯錄

先靈武憑台郡邑志俱以是券爲古蹟召南少時即嘗觀表忠講略知始末今幸恭逢　聖駕南巡其裔孫嘉禾尚書陳群率台族子選等進呈御製歌詩垂訓萬古是券遭遇夫豈鼎彝敦卣徒以遠得名所得比竝也哉

錢大昕潛研堂金石文字跋尾券文後九行漫漶者大半今藏臨海縣白石邨民錢文川家裔武肅廿九世孫也自忠懿納土其孫暄知台州有惠政子孫因居於台世守此券宋元之際失而復得今距賜券幾及九百年文字如新遺苗猶什襲珍之斯亦異矣舊唐書昭宗紀乾寧四年九月癸酉朔制以鎮海軍節度使錢鏐爲鎮海軍節度浙江東西道觀察處置等使杭州越州刺史上柱國吳王攷其時鏐實兼鎮海鎮東兩鎮而紀祇書鎮海軍所領者潤

州刺史而紀書杭州皆其脱誤

翁方綱跋唐昭宗賜吳越王錢鏐鐵券計三百三十二字々畫全者一百四十七第十四行社稷自起一行書之第十九行末足顧功諸書皆作顯功此字尚宜審也洪頤煊台州札記云諦視券文此字稍泐左旁作厄甚明當是頋字瑞粲同治壬申歲學使徐公按台甚後人奉券來城予得借觀細玩左旁作厶不作厄則洪説亦可商也

是券之賜以旌破董昌功昌既敗昭宗以宰相王溥鎮越州溥請授鏐乃改威勝軍為鎮東軍拜鏐鎮海鎮東軍節度使加檢校太尉中書令券文所以首系新銜也鏐景福二年拜潤州刺史故云潤越等州十國春秋輟耕錄諸書作閩越者誤也陶宗儀又謂鏐拜鎮海鎮東節度使在乾寧三年九月而以券詞四年八月為疑然鏐拜爵後至次年始賜券自是兩事無足疑者鏐之稱天寶元

徐維則自都門輯錄

年在唐天祐五年瑞案當梁開平二年戊辰而輟耕録亦未之詳攷也

黄瑞案吴越備史唐乾寧四年八月遣中使焦楚鍠賫鐵券至赤城志職官表是年錢鏐陷州是賜券日即陷州日也杜雄墓誌云次女許嫁錢氏即今兩浙中令彭城郡王愛子是武肅與雄為婣戚雄卒於是年十一月武肅即以越州駱團為台州制置使則台州本為錢氏有矣攷輟耕録及曹昭格古要論均稱券一角有斧痕今觀此券方正完善或為傳聞之誤所載券文潤越譌閏越江表譌海表於粤譌甌越成金譌於金經矣譌經焉金石萃編餘杭譌錢塘康熙臨海志開府上脱兼兩浙鹽鐵制置發運等使十一字今悉依原券是正

以上見清臨海黄瑞台州金石録卷一

宋天台般若新寺甎塔記 在天台縣護國寺

按越都圖經□古碑云 梁朝岳陽王者是昭明太子第三子即梁蕭詧是第二生梁王是也於赤城山頂造甎塔三所中有如來舍利四十九顆其塔至唐會昌五年乙丑歲七月勑廢至咸通六年乙酉歲僧宗立并居士倪求徐師約與衆信士同修一所至八年丁亥歲七月功畢霜星綿遠其塔甎石爌墮爰至顯德七年庚申載般若寺沙門德韶重建造纔啟舊甎石感雷電風雨驚衆現如來身光項佩毫光〻中又現阿育王寶塔〻〻中亦放五色祥光遂□獲舍利四十九粒迎歸紫凝山香花□饍并衆僧各燃頂臂種〻供養遂累甎石僧俗雲芃逾一祀圓就再安□舍利二十八顆前後可三十餘瑞現光與前無異留舍利二十一顆散安東都

徐維則自都門輯錄

府内并應天寺軌塔中吳武衛寺軌塔國清寺軌塔東塲中興寺軌塔各一顆當寺二塔盡是□□捨□□□金親造各安舍利三顆上賛皇王帝業□□□□□樂康云耳　辛酉歲大□建隆二年十一月十日

兩浙金石志按許詢蕭詧事見唐人詩詠者有衛丹詩車騎歸蕭詧雲林識許生綦毋潛詩雁塔酬前願王身更得來之句宋沈仁衷撰感應塔記許詢捨第宅兩區建迦藍二所其一則營于鏡水號曰祇洹其一則立彼蕭山目之崇化是並在蕭山嘉泰會稽志亦然此記引舊圖經應在此宋已前不知何籍抑造塔者多援此事以誇靈異耶德韶處州龍泉人陳氏子年十五出家參白眼禪師白眼曰汝向後當為國師致祖道光大遊天

六

台觀智者遺蹤有若舊居復與同姓時謂智者後身錢忠懿王
延請問道伸弟子之禮求智者教于新羅國開寶四年華頂峰
摧星殞于上集眾跏趺而逝　卷二

宋洞天巖沈紳題名　在仙居縣洞天巖摩崖

嘉祐歲除戊申都
官員外郎沈紳公
儀遊洞天巖

兩浙金石志案紹郡志有宋贈少師謚文肅沈紳墓在會稽雲
門山引沈氏家譜云紳字公垂宋寶元元年進士此題則字公
儀公垂唐李紳字也又紹興府學進士題名碑寶元元年呂溱
牓載之　卷三

徐維則自都門輯錄

呂超墓誌銘

石高一尺五寸五分廣二尺五分存十五行行二十字正書

□□□墓誌□

□故龍驤將軍隋郡王國中軍呂府君諱超□□□

□東平人也胄興自姜奄有營丘飛芳□□□□□

□□□□□因官即邦今居會稽山陰□□□□□

□□□□□起令譽早宣故孝弟出□□□□□□

□□□□□□風猷日新而循財有□□□□□□

□□□□□歲在己巳夏五月廿五□□□□□□

□□□□□□一年冬十一月丙寅□□□□□□

□□□□□□同紀中軍將軍劉□□□□□□□

□□□□□金石□誌風烈者云

□□□□藹藹清獻白雲□岫素□□□□□□□

□□□□嘉□如□應我□□□□□□□□□□

□□□□□□其區眷言□□□□□□□□□□

□□□□□□蕙□□□□□□□□□□□□□

□□□□□□夕悄松□□□□□□□□□□□

後泐

徐維則自都門輯錄

呂超墓志石於民國六年出山陰蘭上鄉余从陳君古遺得打本一枚以漫患難讀久置篋中明年徐以孫先生至京師又與一本因得校寫其文僅存百十餘字國號年號俱泐無可凴證唯據郡名及歲名攷之疑是南齊永明中刻也按隨國晉武帝分義陽立宋齊為郡隋為縣此云隋郡當在隋前南朝諸王分封於隨者惟宋齊有之此云隋郡王國則又當在梁陳以前通鑑目録宋文帝元嘉六年齊武帝永明七年並太歲在己巳宋書文帝紀元嘉二十六年冬十月廣陵王誕改封隨郡王又順帝紀昇明二年十二月改封南陽王翽為隨郡王改隨陽郡其時皆在己巳後南齊書武帝紀建元四年六月進封枝江公子隆為隨郡王子隆本傳云永明三年

為輔國將軍南琅邪彭城二郡太守明年遷江州刺史未拜唐寓之賊平遷為持節督會稽東陽新安臨海永嘉五郡東中郎將會稽太守祥瑞志云永明五年山陰孔廣家園樫樹十二層會稽太守隨王子隆獻之與傳合子隆嘗守會稽則其封國之中軍因官而居山陰正事理所有故此已已者當為永明七年五月廿五為卒日□一年者十一年通鑑目録永明十一年十戊寅十二丁丑朔則十一月為戊午朔丙寅為九日其葬日也和帝為皇子時亦封隨郡王於時不合唐開元十八年已巳二十一年十一月丙寅朔與志中之□一年冬十一月丙寅頗近然官號郡名無不格迕若為遷窆則年代相去又過遠殆亦非矣永明中為中軍將軍見於紀傳者南郡王長懋王敬則陰智伯廬陵王子卿此云劉□沕其名無可攷□誌風烈者云以下無字次為銘辭有字可見者四行

徐維則自都門輯錄

其後餘石尚小半六朝志例銘大抵不溢於志或當記妻息名字今亦俱泐志書隨為隋羅泌云隨文帝惡隨从辵改之王伯厚亦譏帝不學後之學者或以為初無定制或以為音同可通用至徵妻蛇妻隨作證今此石遠在前已如此作知非隨文所改隸釋張平子碑頌有在殊詠隋于璧稱和語隋字收在劉球隸韻正無辵則晉世已然作隨作隋作隋止是省筆而已東平本兗州所領郡宋末没於魏南齊書州郡志言永明七年因光禄大夫呂安國啟立於北兗州啟有云匡賊族桑梓願立此邦則安國與超蓋同族矣與石同出壙中者尚有瓦罍銅竟各一枚竟有銘云鄭氏作鏡幽湅三商幽明鏡十一字篆書俱為誰何毀失附識於此使後有攷焉戊午四月周樹人撰

徐維則自都門輯錄

跋王文聚隸書蘭亭帖

黄山谷曰世人但學蘭亭面欲換凡骨無金丹蓋譏世之臨摹褉帖皆僅得面龐而未得其精髓也余友王文聚為右軍四十二代孫楷法既精復長漢隸乃以蔡中郎石經筆法為蘭亭開一生面銀鈎鐵勒古勁無比若論其秀潁之氣則仍是黄庭經筆陣圖所奪舍投胎者也譬之祖父相貌其子孫肥癡羸瘦或有不同而至審其骨格規模未有不相肖者也昔人云公侯之家必復其祖則文聚另具肉身猶思剔骨還父

以上見瑯嬛文集卷五第十頁

止軒金石墨本目序

夫吉金樂石文字可溯其淵源發兩兵壓乾坤每靳其瓌寶是以三代彝鼎潛鎔村冶之中兩京瓦當多碎農鉏之下滄桑遞變珍祕益希然而開山濬川神物時現穴城穿冢瑰奇日呈或百一之留遺（貽）輒萬千以論直知而不好好而無力其揆一也亦有匹夫懷璧每傷瘖投勢家行賕致玷雅品往往私為己有祕不示人而人事不常藏器隨散吁可惜已夫惟鑒古既精尚友如渴閱見所及借資氈蠟胚胎偶脫倖功畫圖上存前徽下餉來學若宋之歐洪明之都趙誠金薤之教主石墨之功臣也夫嗷名癖古儒者譏為詅癡逐物意移達人笑其凝滯蒹之作贗不迖米老好龍半似葉公負題死軒徒滋訕笑鬼名骨董恒受揶揄然而雙幢電爛禱袜

焉八体星羅時代斯辨别乎嘗齎知味還櫝留珠心摹手追駐烟雲於片楮魂句神攝勝剞劂之良工得魚可忘乎筌食雞但取其蹠三復副墨五美咸臻窮其指歸可臚舉焉夫九經傳寫舛誤滋承六書旁參攷鏡斯具試觀戴記祭統猶引孔悝之銘栗氏考工亦徵嘉量之制推之讒鼎循於叔向考父述自孟僖自昔且然于今尤盛是曰證經其善一也至如乾私真蹟備詳一代之名上林瓦頭可補百官之表其他歲月之閏朔律歷之干支氏族之異同輿地之沿革皆足以訂譌刊謬援遺補亡借什一之殘文斠二三之往策是曰訂史其善二也至如豕渡河而譌三覌卜氏之好學馬与尾而為五識石建之多才點畫少差文詞迥異以至摹漢石經之字乎亦同于玩秦斤權之文殹可通也李唐碑版詔詞則

曰粤可通開元石經洪範則頗陂竟改非特文章爾雅取悟無方抑且体勢瓌奇源流可辨是曰正名其善三也若乃往古制器史册未詳累朝法物顓蒙焉識構形未似懸想終虛茲則方圓象呈左右駢集掌故籩殽列目擊道存款認篆蝌迺辨美陽之鼎彝模伏鹿堪箋礼器之圖響搨試仿夫宣和博物遂埒乎司空是曰博古其善四也且夫束髮讀書抗心希古生當晚近詎窺先正典型神游太初忽睹高曾矩矱古歡章絺新賞何窮當夫茶半香初花前酒後卞展瑤册時閲馥風古色古香宜風宜雅則又聚精神於千秋通謦欬於一紙者矣是曰頤情其善五也继香幼歷兵刦祖硯早焚一氈迫飢軀榲書半佚晚徼一第陸湛五年大隱金门小樓石劖媿秉性之本僻古得朋以更希或片璧見投置之夾帶或一

瓻偶假脱其壞文乃至冬忘手皸暑常背汗夙好所在樂此不疲積日絫年蒐殘未雍南船北轍畸零或遺嗟乎寒暑之運誠速於轆轤蒲柳之姿詎堅於金石百年將半一業未成而又酬酢殺其古懽疾苦詢其宿嗜佶習未盡古魂待招及今因循深恩零落用是撿點蟬翼剔釐蝨灰器以類從文隨部異分门别户都厥大凡零珠碎金不廢小品亦藉存吉光之片羽見豹之一斑而已明知當代儒流甄综精博絜太倉以米粒叙云等量實倣帚以千金頗自珍享或者世有好事癖均嗜痂付石印以流傳供藝苑之訢賞固所願也玩物喪志知貽誚於宋賢博奕猶賢庶見諒於宣聖云尔光绪十九年歲次癸巳纸月既望自序於宣南寓廬

錄王正孺太史文稾

・青籐硯銘歌・霞西叔祖命作

硯出錢伯升家銘曰葉塘制古石有芒主人工者書與方箋百草摹二王中鐫端古二大字款書田水月

陳家有青籐我家有碌硯端溪所得亦偶然款識流傳人口徧天池老人古豪傑錚錚不愧人中鐵誰与友者錢伯升書譜醫方互心折石交獲益非尋常興到為題墨數行中鐫二字曰端古想見古人端友銘意鄭重非疏狂硯形肅穆銘質直是硯是銘兩奇特攷古曾垂蕉葉名臨池好試松煙墨主人愛此逾瓌寶留侍文窗供宿藻猶記當年拂拭餘日摹二王箋百草我家叔祖有古癖搜奇得此心彌惜離筆時磨墨一升草元准寫書千册我來把玩仰先型轉為天池重伯升區區一硯微物耳那知古人里居姓氏文

章交誼賴此三寸銘君不見右軍墨池今已非陶泓應作塵土飛
放翁五銖傳人口至今又落伊誰手伯升此硯獨依然霧積塵封
數百年不知磨盡幾歲月本質猶比堅銅堅物以人傳洵非偶硯
得斯銘硯不朽豈惟此硯稱不朽敢進一卮爲公壽祝公與硯名
長久以上見常自耕齋詩稿卷一之第三頁

祁忠惠公雙印歌霞西叔祖命作。

吁嗟精忠不可作，金石之光久蝕剝，百年故物誰留遺，摩挲姓氏神為愕。會稽典録溯烏衣，澹生祁氏名昭倬，四佳物望皆絶倫，公也立節尤蹇諤。時丁末造矢捐縻，止水疊山同此酷，堂傾四負名園燕，黨禍横羅家世落。從兹法物成雲煙，此印亦遭俗手攫，流傳遷徙凡幾世，桑梓能歸天所託。延津會合自有時，印得吾家忘寂寞，在公豈屑藉此傳，後人藉此賛揚搉。所嗟十世宥忠良，祖德猶應述潘岳，河山既抃喬木摧，文采風流自寥廓。此印何能返故廬，華表千年徒化鶴，幸哉代藏猶留及，我家祖行古人若。平生闡幽若飢渴，公之斯文猶庋閣（予家舊得忠惠公手書捨書叔祖迄今珍藏之），何況忠義懸姓名，艸物耿耿精氣鑠。寶之不但供賞鑑，正使我曹志公學，中宵星

斗光熊熊疑有鬼神暗中索以上見常自耕齋詩稿卷三第一頁

、二金蜨齋尺牘言金石學。

二金蜨齋尺牘係寧波嚴筱舫先生彙集山陰趙益甫先生致魏稼孫函札數十通付諸石印今坊間已少售本掃葉山房有之內有言金石者十餘則特錄之以資參攷

金石萃編刊誤弟從前曾有十餘紙稿本然作之匪易必得全有王氏所錄之本乃可王氏全份記得戊午年已為沈雨溥書肆得之此時杭州雖復恐亦刦灰耳

劉熊碑世間無拓本僅天一閣本此最古多上列十五行齋梅麓雙鈎一紙為均初得汪容甫先生藏本已係堂本皆無可問者均初忽買到一紙真奇寶也明人剪標本價尚不昂卅金因為重鈎天一閣多字本別存一冊盡半月功攷證訛闕雪中手木强不知冷延已裝池矣

漢石經竟為均初買到金二價可謂大矣拓本實佳此本後跋覃

谿共寫七葉然可厭特甚此公學淺膽大可惡

先寄上善業泥拓本奉贈亦不可多得品也高柳邨造象係孤本

唐隆元年心經亦難得並寄上

唐祁瑛瓦造象為弟所得近因窮極賣與蔣廉訪徵蒲得二十千

王祥造象過江北時為人易去否并問

莫偲老既欲刻梁碑攷則安成康王一碑之舊云無一字者或尚

留數字忘其書名何不商之偲老洗石而重審之今早訪朱疊青大令

見壁上有靈崇二大字精拓本四面字跡尚存左一行第三字為

駛當是溉字似是人名惜不得大紙全幅拓本又不能一至南明

山下又不能請兄往觀殊悵悵也

徐維則自都門輯錄

臘盡得小錢李銅佛象三尊咸通間陽文造專亦得雖快意而囊中空無有矣樂安公主秦江王成三像為茇甫得武容囗觀音像建德元年烏容女殘像係為子重得統計彼所藏佳者殆盡今年又出一皇甫和無月年馬方為周雲牧得所不得者獨一程顯忠元象二年此係極精又一年武平一開皇為遂生得刁遵墓志亦有陰訪碑錄列之而金石萃編及錢宮詹諸家竟未之見不可得者七年亦為我所有陰刻字極完善拓本亦好惜不得一志紙文舊拓配之也劉燕庭方伯家新賣出拓本數綑惜予知之已晚刻為兒購得數十種內依止大師殘碑一出高麗高麗八贈方伯者聞已為研係均老墊價壽來鶴銘尹碑尚未售者也目錄歸均老書之內北魏數種皆未見過前蜀神蜀審能造象亦少見者永平五年鄭道忠志弟早錄入嘗見精拓名是忠非惠定為僖伯書乃精鑒也

按鄭道忠誌藏鄞君禾農家，鄞君有跋一篇，攷訂極精，附錄於後：

魏書鄭義傳，義昆季中第六，長白驎，次小白，次洞林，次叔夜，次連山，次義。叔夜子伯夏，司徒諮議，東萊太守，卒贈冠軍將軍、太常少卿、青州刺史。子忠，字周子，右軍將軍，鎮遠將軍，卒贈平東將軍、徐州刺史。此志道忠為魏將作大匠渾十世孫，與義傳渾八世孫恰符。考以德禮鑄氏，愛留海曲，蓋伯夏常為東萊太守，卒贈青州刺史故云。傳內名忠，字周子，鎮遠將軍、右軍將軍，當以志載歷官鎮遠將軍、後軍將軍為准。卒贈官，志內失載；道忠，傳僅曰忠：此等錯誤，舊史習見，無足怪也。北史伯夏附義傳，道忠漏列。趙撝叔致魏稼生書，嘗以此志為鄭道昭倩伯書。按道昭卒於熙平元年，道忠正光三年十月始卒，中間隔熙平二年，神龜元、二年，正光元、二年，忠晚卒五年，誤為道昭書，不知何據。撝叔鑒定金石，多不詳考，往往如是。此志書極雅馴，文亦典則。魏齊北方碑碣，用筆方板，別載偽體，連篇累牘，若此志體格嚴峻，踵法鍾王，中原志石實難多覯，唐初虞褚是其嗣響，不意江咼左風流見諸今日也。

甲辰冬月華至梁園購存。紹興鄞嘉穀禾農甫識。

以上見清顧燮光《夢碧簃石言》卷一

長安獲古編乃劉燕庭方伯所撰一金一石皆有識跋金甫刻圖而方伯殁故僅存此其原稿本四册潘伯寅侍郎借来失於澄懷園侍郎云石亦無甚奇品只此書板為寶文齋徐姓所得

唐石經文千慮之失經勘正望便示我其石數及字數都計字數銜名奏狀一一錄出甚好蓋嚴氏以校經為主故不及其細事尊著以攷石為主自當不遺纖悉不可以議嚴可以補嚴撰就大幸事石柱題名能補正最妙然審定石刻并須參攷正史及通鑑諸書為之梁龍年道德經嚴誤處望示我

義國夫人志弟已裱成立軸既摹刻則可以連拓本奉贈爨寶子都中有木刻本勿多買

至德專仍歸弟處不知節子何以有之奇矣然此磚細審仍是唐

而非陳兄以為何如

天祿辟邪得之甚妙漢世石獸何必獨有於宗資墓耶都中新交王蓮生山東福山人大訪碑刻弟出京時渠方遣人至海畔覓楊舉時祠不知得否

范稚禾鱸尹家藏翁覃谿詩文手稿卅餘本弟略借數本來看過惜乎匆匆未能摘出其中塗乙太容不甚易尋惟於所見金石多錄全文畫卷必寫出竹樹人馬屋宇位置及圖記跋尾位置乃古人精到處覃谿所學非弟類故不相入而亦不貶之以其功力亦不與人易及也

何子貞來杭州見數〔過〕次老輩風流事事皆道地真不可及弟不與之論書故彼此極相得若一談此事必爭〔致〕大而後已甚無趣矣

徐維則自都門輯錄

金石

晉福祈禪院碑 天福四年 上虞小越嘉福寺

道上虞西北四十里福祈峯下舊傳吳赤烏間僧純一師化其族李之所居爲伽藍號祈福院訖今鄉人尊稱一法華開山祖是有晉天福二年丁酉行淳師主茲山弟子無相自孫出也兄鎰鑑鎰以武職題院標徧反倚山皆孫氏業相言于兄樂助形勝凡山之爲畝者三十又六地之爲畝者四東距院田南艭院沚上極其峭而高者維西下臨其坳而深者則北披蓁肆莽翔大阿羅漢殿猶神輸鬼運感悅乎成之速復言于兄請諸

朝四年己亥賜額福祈禪院順山名也嗚呼二師相去寥泂肇基拓業若合符節世之稱士君子者或羣聚而訾浮屠之說厥子肯

堂肯播視相之舉為何如純一師其有傳矣行淳師其有後矣

繼繼承承為國祝釐永永無疆而利益之及于檀施者其又有不可

量議者矣猗歟休哉余屬與行淳師游俾識初末垂示將來不得

辭是年臘月望日外友鎮海節度判官吳興張孝先撰并書

住山行淳刻石

四明王仁鐫

吳越崇化寺西塔基記 唐下元戊午 蕭山祇園寺

右祇園寺西塔基記寺在蕭山縣治西建于晉為崇化宋改今名有東西二塔乾隆四十一年邑大水西塔圮爲廢甎中得是記及舍利銅塔一銅塔署顯德五年戊午十一月夏承厚鑄舍利塔兩所與是刻前後四月耳顯德為周世宗紀元吳越嚮奉中國正朔顯德二年嘗入

貢于周，是年不進稱唐，當以銅塔爲公兩記並云結塔二所則東塔内亦有舍利塔及塔基記可知越中金石記載吴刻藏山陰小雲栖寺粤寇後三十年久訪無獲今歲祇園寺僧普勤修寺與二塔竟予屬重訪此記未旬日得于湯氏廢園去寺不數里雜厠瓦礫間斷爲三而無缺不知何時復移至此若有撝呵驅遣而出之者豈非佛力之廣大而物之顯晦亦有時耶爰與舍利同供浮圖上級永鎮山門並志獲石顛末　光緒庚寅十月會稽陶濬宣記

仁和魏稼孫錫曾績語堂碑録書三老碑後

同治乙丑臘月二十八日自里門渡江訪碑任會稽趙撝叔家次日同觀禹陵窆石丙寅正月三日挈舟獨游拓一帋次日游妙香寺（亦稱石佛寺在五雲門外五里地名塘下金）拓南齊石佛背字撝叔皆爲題記（此

紹興縣志採訪稿

六七日中訪碑之暇與揭叔洎傅節子何竟山兩君道古甚歡節子贈
予汪刻金薤琳琅劉太乙金石續録魏高植墓誌淡拓本青浦王氏
舊藏宋元碑數通其意甚厚予從沈氏書肆得明刻隸釋又黄
龍元年執一）人日游跳山（土人呼跳山頭而跳山則不解）觀建初大吉摩
厓旋以事赴甬上（得山左金石志兩浙金石志金石契高刻小蓬萊閣
金石文字明拓鏊幅北魏弔比干文等碑中金石契兩部分其一贈節
子）十一日歸次餘姚于羅戰门家晤汪述庵十三日侵晨偕兩君買舟出
郭午抵客星山（俗呼陳山）介戰门訪周清泉先標世能主人問其為漢
碑来也甚喜導入別室拾級而登有竹石之勝則三老碑在焉即設
賓榻其中天雨戰门去予忽痔發述庵感寒疾尤憊徑擁被卧見
予席地據石力疾氈椎緻褭塵坌間出語相慰勞清泉亦時時徽殷

携童饋藥食至十五日拓碑竟（予自存整幅一需楮二又為清泉述庵各搨一本）乞清泉手題清泉因出舊跋屬更定數十字語碑時自得及遺就無恙眉采猻軒舞也十七日述庵病愈偕弟清泉（清泉藏漢晉磚甚夥以永元十二年𢦏磚見貽予贈節子又見宋元嘉碑鏡數片文淺質脆竟不能拓）予復獨游跳山信宿徐姓家拓大吉摩厓成（石為山陰杜氏買寘書券納糧屬徐姓守之摩厓施拓尤難鄉中小兒多告予地有馬熊初謂調言後知往年果有野獸傷人）還訪述庵于陶家堰同詣携叔（既至郡城失印匣一于航船急棹小舟至東關取之中有鄧石如刻二印乃郡中孫氏世守之石節子借拓者）越日偕兩君渡江旋晝時二十有二日矣嘗慨大江以南古刻論毁而越中巋然存漢石二孫

吴蕭齋石各一足為山川生色吾家距越甚近方承平時忽不措意直至兵火後間關跋踄而得之人情賤易貴難大抵如是抑友朋金石之樂具有因緣非其時不可强耶　三老碑摧鑿而成鋒從中下不甚似他碑雙刀故每作一畫石膚坼裂如松字非細處原石不能定為某處字畫某處泐痕即佳手精拓非用小墨團加扑數四其凹　之筆亦　不顯方出土時周君命工拓百十帋但存形模自余拓後轉語碑工張文蔚渠如法為之近拓乃朗然勝前矣（小父小字謂君謂字次子盂二字君期二字力射二字嚴及焦嚴焦字不可識之仕字苟(?)字及額間匕形副下橫畫錐歷二可辨諸家多有誤釋由未見原石也　碑中義字及字右波但但刻外匡中不去之與太室石闕前銘同前人稱為雙鈎實則刻工

取省華耳）余輯金石萃編遺碑既以諸刻入録近從俞蔭甫丈假觀春在堂隨筆中及此碑索觀手拓黏綴之頃憶當日情事如昨因摩連記之當訪碑游記一則時庚午歲二月十七日也

漢黄龍專

黄龍元年八月上虞王元方作

造專上虞王元方山陰徵士沈復粲所藏刼後留此易饑糧今歸魏子登文房廿年前事能思量哉諸但志交情長愧尔不輕去其鄉同治丙寅撝叔作

按黄龍紀元者漢宣帝與吳大帝兩朝宣帝建元七其末為黄龍止一年歲在壬申陸竺齋比部舊藏黄龍三年專字體雄放與此迥殊此西漢文字遒古所由勝於孫吳也王

謹案 甘記

右西漢黃龍專二，上虞王元方作，殆同出一范者。本山陰沈霞西老人臧器，其一專斷，文完，刼後仁和魏稼孫乞趙撝叔先生作諾，其一專完而黃字已損，爲何竟山太守所得。或以專側五銖泉連珠等紋與天璽、天紀諸專相類，疑爲孫吳時物，然以字體論，其爲西京古甓無疑。太守仰嗣豫才孝廉持出示拓本，爰命大兒祖杰橅寫，爲端王繼香記。

、東漢建寧買山莂。

建寧元年正月，山陰番延壽墓莂。兄弟九人從山公買山一丘於五風里，葬父馬衛將，直錢六十万，即日交畢。

建寧元年正月合莂大吉 左 有私者當律令

錢竹汀宮詹云古者書契多以竹簡故傳刻字或从竹作䇷隸變作莂與移蒔之莂相混此莂朗然作䇷猶存古意王繼香記

五風里見嘉泰志即今山陰北鄉安倉鎮安倉今作安昌其地尚有馬衛將可證繼香記

建寧墓專

建寧元年八月

北鄉五風里番延

建寧元年八月十日造作

馬衛將作

大吉廿多所宜

大富千

此專兩側有文，以別文推之，潘延下當有壽墓等文，惜已殘矣。其正面作麻布紋。魯卓竇得之，作硯以贈何竟山太守，並題七言律于背，注釋頗詳，且云北鄉安昌鎮潘氏本望族，此式其祖塋，特以年遠宗牒失考耳。　德香記

右建寧潘延壽墓葫　北鄉五風里墓專各一拓，乃魯文卓竇所貽。其後墓專四則安昌馮子鹿伯所拓示，於光緒甲申同時出蕭山縣東杭塢山古壙中。建寧為東漢靈帝首祚，太歲戊申，歷今甲申出土，實一千七百一十七年。當時僅見後四專，僉將馬衛為人，將作為官，洎見墓葫與五風里一磚，始知為潘延壽墓，而馬衛將殆其官名歟？然漢史無徵，惟五風里見嘉泰志可證耳。曩予安明卅陶湘丶學使首以

新出漢磚詩鄭示及　里門沈雲颿贊卿兩廣文潘椒石布衫先後以馬衛將作專見贈近歲偶留京師鹿伯躬致博拓如筍束其手自琢研勒銘者蓋不下二十餘塼而蒴與五鳳里一專固未嘗寓目也益嘆卓叟博蒐精鑒為不可及矣茲彙集拓本于此并志諸君子專家之誼惜之沈與陶潘兩君墓久宿草不獲相與賞晰為可嘆也止款

燔越窯甃杭山出重窨文斑斕炎錙迄今　遷變咄尔寸土猶屬漢瑤仙觀察永用丁亥八月王繼香銘

余為友人銘建寧塼者先後不下八九方皆忘之矣頃猶子祖烈檢呈予季繼業子鐻所拓本蓋丁亥秋中為卓叟勒銘者附存於此以見一斑繼香

〻隋大業令龍專〻

大業六年庚午　　　大業六年五月造令龍專酉四土

餘暨令趙沾敬

造天尊像一龕　　　咸与維

千灾自散合邑

永樂久長供養

此專爲山陰魯卓叜觀察燮光家珍已手琢爲研余嘗借得之

留案頭數月搨取數本以詒同志按餘暨即今蕭山縣趙沾

名足補邑志職官表之闕卓叜祖貫蕭山可云楚弓楚得矣

總香

〻吳永安胡磚〻

永安四年

宋淳熙癸卯陸放翁家鑒湖得專文曰永安五年七月四日造見嘉泰志蓋後此一年也南宋距今七百三四十載當時僅獲古甓著之志　已珍重若此況今日乎此敎

光緒己卯嘉平余與六弟子詒雪中登卧龍山徑龐公池甃垣中得此斷專援永安紀元者五惟吳景帝至七年景帝以戊寅十月改元四年正歲在辛巳餘則僅一二年其爲三國時物無疑旋誤鄞家留專手斜橋老屋焦尾樓下庚辰二月回里將製爲研而聞子詒以穰其疾請代自投月湖死遂擲專而東泊辛巳春始携之四明壬午八月方謀磨琢汝丁終堂三威未幾扶服回里奔辟中又失之至今惋恨頃从胡逗中捡得打本猶是子詒是時

自拓者人跡俱亡对之泫然繼香

晉太康買地莂

大男楊紹從土公買冢地一丘東
極闞澤西極黄滕南極山背
北極於湖直錢四百萬即日交畢
日月為證四時為任
太康五年九月廿九日對共破莂民
有私約如律令

舊咸太康瓦莂拓本忘其來處證之金石契撫本肥
瘦胞合惜紙質黴腐觸手便碎爰語大兄祖燕亦覓
祖榮影鈎廓塡一本點畫波磔豪釐不差視金石契

有過之無不及也

右太康瓦莂萬歷初會稽倪光簡劚地得之柳元穀購之以易徐天地圖後歸山陰童二樹家今不知尚在人間否詳見徐文長集葉氏金石記茲不復贅録舊記

、唐開元堪專、

口同受福叶存長壽

長幼無哭大界蒼生

色相星開當願見在

稽山永安寺雕鐫記就

造年尼仏一龕於越

祇公司參軍李堂敬

貳月吉日節度使判官

開元十二年甲子閏拾

此唐參軍李堂所造永安寺佛堪專也亦卓寅所藏嘗手搨其文示余及何豫才孝廉按嘉泰志會稽有永福寺而不及永安寺其列銜之史志亦皆不合又按府志職官唐時郡佐李氏最盛而獨無參軍李堂書缺有間可勝道哉王繼香

·齊永明石佛背銘、

齊永明六年太歲

戊辰於吳郡敬造

維衛尊佛

嘉泰志云石佛妙相寺唐太和九年建號南崇寺會昌廢晉天福中僧行欽於廢寺前水中得石佛遂重建爲石佛高二尺餘背銘十六字筆法亦工案會稽未嘗爲吳郡此石佛蓋得之水中又一人可負之而趨者安知非吳郡所造而遷徙在會稽耶　王繼香

杜氏金石記引三寶感通錄云晉建興元年松江漁者遥見二人浮游海上吳縣朱膺聞之潔齋迎之二人隨潮入浦漸近漸明乃知石象舁迎通元寺象高七尺背銘一名維衛一名迦葉揆是則維衛象本在吳君通元寺好事者因就其地模造迎歸供敬耳會稽王繼香題

晉王大令保母磚志

郎耶王獻之保母姓李名意如廣漢人也在母家志行高
秀爲王氏柔順恭懃善屬文能草書解釋老旨趣年七
十興寧三年歲在乙丑二月六日無疾而終中冬既望葬會稽
山陰之黄閍岡下殉以曲水小硯植雙松于墓上立貞志而志之
悲夫後八百餘載知獻之保母宫于茲土者尚口口爲
刻高一尺三寸廣一尺二寸元蹟十行行十二字
保母塼志尤未詳載金石粹論及越中金石記其宋元以來
名人題跋則鮑氏知不足齋附刻叢書中四朝聞見錄後事
宋嘉泰壬戌六月出山陰黄閍古壙中距大令晉興寧乙丑書
碑時實八百三十八年時大令年才二十二而能前知如此有類
漢滕公石室三千年後曹娥碑五百年後之語宜姜白石圖

為玉寶連作十跋贊其有七美謂不特書法類蘭亭也惟專出土爲王千里鐵未久即為韓侂胄所奪旋入秘府淪為灰燼故拓本傳世極鮮董文敏則以周公謹藏本萃入戲鴻堂法帖雖增減行字以就帖式不免為大雅所譏然王氏稱其鉤勒精工直與真蹟無異今則不特真蹟絕世即戲鴻元拓亦罕見矣魯卓處舊藏戲鴻元拓十年前曾乞予跋尾茲從其借印以公諸世不惟為越紐之光亦大庇青箱之秘矣儷香

黃閎地名嘉泰寶慶二志俱未載杜氏引宋王英孫詩有名重黃閎九里山之句謂九里距禹陵里許而黃閎無攷余外王考俞萼樓贈公雲粟生壙於黃閎嶼予童時嘗躬展其

地俗呼会稽山去謝墅山步約十五六里又叚山奥雲姑廟前有宋嘉祐二年界碑有曰□至会稽縣黄枋村可證也余足閲謂之門枋同廟门亦巷门也朱竹垞老人題徐尚書原一所得保母志拓本曾詳箸之會稽王偘香

碑碣

漢建初摩厓大吉石刻

大吉此二字在上方　按大吉碑[illegible]載越中金石記也另有詳録

昆第六人共買山地建初元年造此冢地直三萬錢

右刻在会稽縣之跳山隸書凡五行行四字上方有大吉二字以建初尺度之字大六寸五分及二寸五分不等為山陰杜氏所獲盖當地買地券文也造是造字省口冢是冢字俗傳大吉二字

為錢武肅王微時販鹽遇官兵跳避題于石壁據此則說誤也

晉太康莂　此已見山陰縣志

大男楊紹從土工買冢地一丘東極闞澤西極黄滕南極山背北極

于湖直錢四百萬即日交畢日月為証四時為任

太康五年九月廿九日對共破莂民有私約如律令

右莂長五寸廣三寸八分文六行文六十五行書狀如破竹以錐畫沙成文然後陶瓦為之金石録補云萬曆初會稽倪光簡冢地内掘得太康間冢中杯及瓦劵柳元穀以是物易徐文長畫亦見徐文長詩集誤任作伍廿九日誤作廿五破莂誤作破翦莂說文無此字當為别即周禮小宰聽傳别之别鄭注傳别故書作傳辨予謂辨與别聲之轉其義一也又曰傳别謂為

大手書于一札中字別之孔疏云謂為大手書于一札中字別之者謂于券背上大作一手書札字中央破之為二段別之據此則別若今人合同文字矣蓋當時別以竹為之後世易之以紙而其形似竹也故字從竹隸書從竹之字多從艸遂與種概移蒔之莂相混耳至乾隆年間為山陰童鈺所有世傳墨本皆鈺所拓也

漢三老碑

按三老碑于咸豐壬子秋出餘姚客星山土中今藏縣人周氏家其碑九行凡二百七十字前五行分四層橫隔之第一隔云三老諱通字小疑庚午忌日祖母失諱字宗君癸未忌日第二隔云掾諱忽字子儀建武十七年歲在辛丑四月五日辛卯

（案後漢書光武十七年二月乙亥晦據此推之則四月五日非辛卯如三月是大盡則此日當是庚戌十六日始值辛卯）忌日母諱捐字口君建武廿八年歲在壬子五月五日甲戌忌日苐四陽記其九子二女名字後三行從曰三老德美喆烈云云字多漫漶不可辨自来以建武紀元者晉元帝僅二年齊明帝僅五年後趙石虎至十四年然于越無涉（西燕慕容忠後魏元朗皆僅數月皆于越無涉更不必論）惟漢光武至三十二年其十七廿八兩年正值辛丑壬子其曰三老者漢時鄉各有三老見於前後書者不一曰掾者漢晉自公府至令長其曹佐皆曰掾此單言掾則非公卿卅郡可知盖縣掾也禮云內諱不出门西漢及六朝史家間書婦人之名然不悉出惟范

氏後漢書則皇后紀皆書后諱其餘婦人亦多書名獻帝伏皇后紀載廢后謂云皇后壽云云可知當時詔策皆書婦人之名故此碑于婦人皆書諱字其兩女亦有名是為東漢之制無疑其字法由篆入隸古拙可愛所記諸子有名提餘字曰伯志名特候字曰仲雁者亦可證當時民間因已多用二名據稱其母之忌曰在建武二十八年則此石當是中元永平間所立浙中石刻向以嘉慶間會稽跳山新出建初元年大吉買山題記為最古建初為漢帝年號（成李特後秦姚萇西涼武昭王皆號建初皆于越無涉）此石蓋更其前其出土乃更後碑額已斷無由攷其姓氏其文字體制非表非誌疑是碑陰所題故稱之曰三老碑（漢無貫

賤碑碣之紀為兩浙第一石耳

右錄會稽李慈銘越縵日記鈔

孫孫屬予審定餘姚周氏藏石漢三老碑文漢人最重避諱恐祖禰久遠子孫或不知而誤觸此碑當施于家廟之庭或堂非墓碑確在此文有曰念高祖至九子未遠所諱不列言事觸忌貴所出嚴及焉敬曉末孫其副祖德焉文義明白碑載其父母忌日在建武十七廿八兩年而爲第七子邯所立石計時相距不遠仿翁方綱年月表當附建武後矣

右錄仁譚廷獻復堂日記

三老碑原文

三老諱通字小疑庚午忌日

祖母失諱字宗君癸未忌日

掾諱忽字子儀建武十七年歲在辛丑四月五日辛卯忌日

母諱捐字謁君建武廿八年歲在壬子五月十日甲戌忌日

伯子玄曰大孫

次子但曰仲城

次子紓曰子淵

次子提餘曰伯老

次子持侯曰仲雁

次子益曰少河

次子邯曰子南

次子土曰元士

次子富曰少元

子女曰元名

次女反君明

三老德業赫烈□□志□汁稽履化翔名子而右九孫日月影代

猶元安力則明□所識阻諱欽臨孫嗣□□秋春言不及曹翼上

也念高祖王九子未遠所諱不列言事觸忌貴所出嚴及焉敬

曉末孫萛副祖德焉

右錄三老碑全文碑分兩方右方又分四層第一層四行第二

層六行第三層六行第四層五行右方列長行三全碑濶合

工部營造尺一尺四寸高二尺八寸五分

晉咸和六年磚原文

咸和六年八月十日　乾公

案是磚長一尺一寸濶五寸厚一寸五分宣統二年四月間出土地在山陰所前鄉俞家埭山同時出土者尚有銅鏡一瓷瓶二三足瓷盤一瓷盌三鏡藏蕭山陳俊華家瓷瓶等爲蕭山李姓所得考咸和六年是歲爲晉穆帝六年晉人葬于此山故鄉人造掘得此苐究爲晉人誰氏之墓一時不可考耳出土磚甚多分藏就近各家

蘇甘室日記

謁禹廟徘徊窆石亭下搜剔窆石四周麻沙辨認似杜春生先生越中金石録所載日王石軌　刀　葬　天文日真黃數字為確葬刀二字兩浙金石志定為乾象二字似亦不誤文字下存半日字金石萃編定為晦字亦尚可辨惟年字則無竟法摹擬矣然即此數字玩其筆法則酷似天璽紀功碑及國小碑進香爐峯南鎮每届仲春婦女最夥游人逐之如蟻過禹廟必至窆石亭投石子窆石穿謂中者必得子男婦老幼嬉笑聚觀疊代試投不以為怪余謂亭四周亟宜加石闌使游人不得至亭內則此數字尚可保全否則數十年後必至隻字莫辨矣

清宣統二年八月廿七日紹興公報

龍尾硯記

硯之得蓋在康熙三十五年曾大父遷菴公館閩中洋縣時也廝卒置硯牖上日夕研泥墨積垢寸許曾大父見而異之乃呼童取而刮磨焉洗時屑屑有声微見光彩剔除淨盡星文畢露字迹亦大顯著内有皇慶元年三教弟子贊詞一則頗不類臣士語考之元史始悉為元仁宗御贊三教託名也其文待詔祝京兆而先生文筆圖記望而知為真迹又仿陋室銘調贊一篇則明彭年所著彭亦知名士附明史文待詔傳以是知硯在元明間一代之主曠世之才靡不寶重非凡質之可擬獨是四百年來時移代易歷遭兵燹閩中尤甚凡圖書典籍以及金石玩好之屬遭塵劫而無存者不知凡幾而硯顧泥塗其体黯晦自全得余曾大父而復顯嗚

紹興縣志採訪稿

呼物之遇與……其閒耶　仁憲之世經畧年公羹堯廿撫石公文倬川撫蔡公梃後先聘大父遯菴公奏記幕中挾以自隨閒遇識者指爲宋時龍尾硯於是諸顯貴各出千金求爲上方貢而大父心傷遺澤弗予也傳至于今又閱四世六十年矣余生以後遭家多難自㓜而壯迴憶歷祖之留傳爲子孫計者消沉烏有而硯尚塊然獨存余懼祖澤之或即泯夷無以對先人於地下復挾而之粤之燕之秦流離失所轉徙無弗同之歲庚午余自熱河解館值從父石帆公以學士奉假旋余隨侍艅舟次維揚一燈相對與余論先世事遂及於硯乃走筆爲長歌屬余書錦余因即叙其顛末并存之匣俾後之覽者知物所由來而述先人之固守勿遺與余數十年造次弗失之意將藏之彌固守之益堅

是則余所厚望也夫

附石帆李士龍尾硯歌用王漁洋宋海岳硯山歌韻

海内墨寶尚留幾一硯懷祖眞良圖泥塗埋没閲人代摩挲日夕增長吁上貢天庙重千鎰下委闤闠輕一銖龍身久藏有地有星彩朗曜無時無倘得古物竟入手底須列肆炫五都偶從涉躒一拂拭寶此何啻千璠璵憶昔叔祖館洋縣執經問難羅生徒牖上得之等球璧遐方觀者道變巫平心遠邁劍南陸鳳咮咲過眉山蘇濯以清泉囊以錦賚持曾弗離舟車受墨不數鸜鵒眼架筆合用珊瑚株自少愛護逾大耋手捧不藉孫曾扶洗出金星煜潭沿濯多龍尾游空虚隱隱若列七樞斗離離似綴千鮫珠老人忽驚騎箕尾石友幸勿沈泉壚到今重孫能世守執硯往往懷眉贊歐陽金石宋書畫何分魏闕兼江湖詞彩因兹等鸞鶩春秋笑彼如蟪蛄注經校史最耐久硯田那惜嘗辛劬什襲秘惜怕豪奪寒光萬丈騰菰蒲

周兆鳳作見後村周氏淵源録卷七

秦丞相李斯鄒嶧山碑拓本歌　壬午

祖龍力爭取縣宇，東踰滄海西臨洮，登封鄒嶧騁雄俊，千乘萬騎揚雲旓。丞相臣斯臣去疾，咸昧死上聞於朝，古者王畿僅千里，金泥玉檢煩鏤雕，陛下神靈大一統，拓地遠過姒與姚，請詠聖功示後嗣，長與星日同光照，貽制下曰可，舞且蹈，豐碑百尺高岧嶤。嗚呼暴秦棄仁義，咸陽父老方悲號，宏謨偉烈果安在，相臣獻諂君宣驕，朝議已令封建廢，愚民更取詩書燒，助成主惡實斯罪，科條頒示如牛毛，斯不數年伏斧鑕，秦亦再世斬宗祧，可憐一心罔忌憚，赫然天譴何由逃。此碑藏垢向巖谷，荒燐照影淒寒宵，阿房一炬不能到，風吹野火飛蓬蒿，茲從何處得殘本，字勢鬱律森蟠蛟，阿誰嗜古重碑版，破碎不憚補綴勞，豈知摛詞述穢德，何殊糞

誰能點畫窮鼇毫大書深刻計亦拙

詠嘆君不見加代者赤兕黃佐命布衣劉季真人豪

入關一語數言耳較若畫一與歌謠

以上見清長興朱紫貴楓江草堂詩集卷一

徐維則自都門輯錄

吴越錢鏐求以金印玉册封吴越國王當時言者以為玉册天子所用中國境内無有封國王者朝廷一時方多事曲從其請蓋有所不得已也今楚藩新封有興國王不知何人所擬竟爾用之豈未見前史吴越之事耶彼謂興國州名無妨於事楚中縣名可用者何限乃必須用此亦不知大體矣

以上見明滸水楊士聰撰玉堂薈記卷四

紹興石經

渡江纘緒神器膺高宗御書世所稱覽聽餘閒屛翫好惟親翰墨裁溪藤曾書旅獒及大有置之座右思春冰嗣作損齋披經籍揮毫手録棐几凭諸體並妙類非一點畫工整神端凝字形大小雜珠貝爍如瑶光連玉繩憲聖吴后書亦善就中數簡咸精能歲久卷帙恐闕失貞石鐫刻｜露鋒稜守之奕禩作秘寶用爲規矩傳髙

徐維則自都門輯錄

曾在昔周宣揚英武天戈麾指威飛騰哮闞虎臣淮夷定壯猶元
老荆舒懲大會東都蒐車馬鑿石作鼓形硱磳員獵員游史籀述
美哉功績歌中興憶自靖康失京汴膺天繼統符休徵諸將發憤
圖恢復和議煽惑終無憑未暇摩厓振鴻筆实勤乙夜挑青燈臨
安駐蹕延六葉航海欲作圖南鵬行宮禾黍悲故老冬青何處埋
思陵楊璉真珈勢炙手浮圖高矗摩雲層堆砌此石作基址麄砂
磨治幸未曾後遭墻毀復散佚蘚苔剝蝕相因仍斷零收輯得太
半未若夏禮亡杞鄫猶如古經厄秦火壁中金奏聲吰噌諸儒補
苴得完善學宮千載均師承我聞石經始漢季熹平舊刻誠超恒
中郎三體號精妙車馬填咽爭摹謄此經出自紹興代遞閲顯晦
沉而升漢刻迄兹[illegible]澌滅巋然此獨歲月增想有神物常丁美不

古村出洛思峯新出漢建甯甎文曰建甯元年八月十日造

杭隝灵峰發古甎炎劉迨隔幾千年南天金石何曾陋東浙溪巖

本足傳士土鏞奇文徵馬衛旁有馬衛將作四字余謂馬從京舊麻衛乃人名將作者督造之義

溯龍躍永元一鏡無由見寂寂何人考墓田塘中尚有古鑑鏡有文云永元二年依志

言此山有朱隽墓也

見湘麋閣遺集卷四

東國刻會稽刻石夾徐鼎臣臨本宋時石本滅失元申屠駉跋又為後人磨去予得大舟僧所藏云孤本矣東人得雙鈎本誤以為秦石流傳覆刻于海外夾中郎之虎賁矣闕敬字是失鈎非禠失文字異同頗有足正史記者

見清仁和譚獻復堂類集日記卷八

陶孝邈編修同年以建甯甎拓本見寄云今年三月山陰人掘蘭亍古墓得之尚有雁足鐙甕椀皆爲人攜去孝邈云以籍考之其地盖有朱雋墓云

見清仁和譚獻復堂類集日記卷六

可珍矧如驂之靳先後並致乎石墨有緣尺璧何足寶哉爰合裝一櫝而疏其會合之由如此

是册舊附姜西溟太史臨本近得林吉人中翰遺墨因并列入兩公同時擅書名雖皆橅大令遺迹而其本各殊蓋一為柳跋本一則玉版本也

録傅節子先生華延年室題跋

明詩[illegible]……嗜名人真蹟[illegible]
好事將中寢余念[illegible]……且其中楊氏父子題記鐵
函齋書跋大瓢偶筆[illegible]……[illegible]流傳尤勘因留以録副
擬補入書跋中另檢[illegible]……事抵付晃齋祥伯本定半年之
期即寄貲完璧以歸乃去如黃鵠數載杳然己卯冬晃齋比鄰不
戒于火災及寓舍半生[illegible]弆都被六丁收去此本以存余予齋僅免
是刦豈即春華跋語所謂有數存焉耶當余之以[illegible]易邦也秖謂
亙藏外府耳心[illegible]欲之未便敍據舷故事不圖因此一轉移遂謂
華延年室物也今秋又藏得魏水村藏本曾經張氏清儀閣收藏
與此一濃一淡各極神妙尤奇者其初皆出浙中陸姓又皆經大
瓢跋尾皆由祥伯以入余齋實王大弓復歸於魯偶得其一已覺

玉版十三行　順治中楊氏藏本

是刻自萬歷中出土垂三百年濡脱既久日益剝泐嘗聞諸故老
當康熙末年其晋字中畫已斷合字波末已作黍米缺舊本且然
何況自鄶以下則初搨尚已此本舊為山陰陸氏所藏順治中隸
朱敬身會其友楊春華坐視遣戍朱即以贈别楊攜至塞外廿餘
年畀其子大瓢世守傳至裔孫名果林者宦江左卒于官先世金
石文字有大瓢書後者甚衫盡出以易米此本為吴下滕大圃所
得滕以貿遷起家喜　隹　能鑒別中年家驟落所藏復輾轉入于
嘉禾張氏張翁乃叔　子饒　貞遇法書名畫不靳直所
广　金青品厥嗣云　寶愛此本挈以自隨自云
久　斧不繼將假隸滉余

次日游禹穴馬賡良幼眉亦至摩挲窆石殘字隱隱椎拓寔難四周皆後人題名磨治鐫改有如積薪古物一奇阨要亦地近晉阜故耳審厥形模斷以下遂引棺之説爲可從玉帛萬國同軌畢來桐棺尊嚴神灵千古九服之内畏神服教上繼軒黄夏甸芒芒于今爲烈舟中閲幼眉詩文稾詩近大厤文亦畧近中唐

見清仁和譚獻復堂類集日記卷三

金石題識 三

目錄　金石題識

南宋尹朱二先生祠堂記

南宋紹興府進士題名三

南宋紹興府學整復債錢牓記

南宋存悔齋十二箴

南宋寶祐橋題字

南宋府學二字碑

南宋八字橋題字

南宋紹興府建小學田記

南宋傳忠廣孝寺碑

南宋呂崇簡等題名

南宋趙與陛題名

南宋小隱山題字

南宋寶山題字

南宋朱子書二碑

南宋紹興府進士題名二碑高七尺八寸廣三尺八寸額隸書紹興府進士題名二八字四行徑七寸碑分六列每列二十四行正書徑九分

（無年月在府學刻於進士題名一碑陰）

政和八年嘉王牓

諸葛行敏　黄韶中通子　孫鼎

姚景梁　陳橐毅子刑部侍郎　錢唐俊唐休弟

宣和三年何涣牓

梁仲敏高宗子廟諱諫議大夫　石嗣慶象之曾孫　王賓

黄唐傑　陳陞　王休俊兄

桂章　孫彥材

宣和四年賜同進士出身

傅墨卿傳正子禮部尚書

宣和六年沈晦榜

諸葛行言　胡尚智　謝作

建炎二年李易榜

唐閎高宗廟諱同音孫　梁仲寬高宗廟諱子　詹秀君默子

陳炳　孫適

紹興二年張九成榜

黄嘉禮　葉蕃　杜師旦

石龔慶改名延慶嗣慶弟兼中詞科　吴康年　石公輸特奏狀元公弼弟

紹興五年汪應辰榜

李孟博第三人光子　胡沂第四人吏部尚書　虞仲琳寅姪

石師能 家之孫　王俊彥　王賓

馮羽儀 谷子　虞仲坵 賓子　馮耀卿

茅崈

紹興八年黄公度牓

繆渥

紹興十二年陳誠之牓

張攄 歸姓馮　馬佐　詹承家 京孫

唐閱 翊子 起居舍人　詹林宗 承家弟　徐几

傅世修　錢移哲　葉汝士 汝平弟

紹興十五年劉章牓

傅晞儉　黄昇　茹紹庭

梁仲廣高宗廟諱子　吳公輔　張之綱

石太上御名同音

紹興十八年

王佐狀元俊彥子戶部尚書　張穎　陸升之長民子

高選　陸光之長民子　周汝士

詹亢宗林宗兄　沈壽康　茹驤

紹興二十一年趙逵牓

唐準翊孫　孫大中

紹興二十四年張孝祥牓

虞時中仲琦子　黄開　黄閎開弟

黄閣閎弟　石邦彥　王公袞俊彥子

貝欽世　芳寵　趙粹中吏部侍郎弟大猷同榜

紹興二十七年王十朋榜

周汝能　許從龍　姚筠

孫安國適子

紹興三十年梁克家榜

馮時敏羽儀子　姚廷袞　顧亶

黃闓閤弟

紹興三十二年賜進士出身

陸游佃孫待制

隆興元年木待問榜

王逨　李唐卿　魏中復

石斗文　黄度兵部尚書　莫叔光兼中詞科吏部侍郎

俞亨宗　許蒼舒兼中詞科　丁松年

乾道二年蕭國梁榜

王日永致柔子　邢世材　虞汝翼賓曾孫

張澤兵部尚書　傅頤　王正之

楊寅　張宗仲　王厚之

杜弼

乾道五年鄭僑榜

陸洙　曾槩　王誠之正之兄

黄誾別院省元閭兄　王訢兼中刑法

乾道八年黄定榜

石宗昭公揆孫　許開蒼舒姪　高宗商

任惟寅　張拱辰宗仲姪　錢粲唐俊子

卜芸　張亨辰拱辰弟　梁文

是年八月賜同進士出身

姚憲舜明子（參）

淳熙二年

詹騤狀元林宗子　桂森　孫應時

方秉文　盛勛　李友直

周之綱　唐錡　石朝英

淳熙五年姚穎牓

徐邦傑　貝襲慶欽世子　唐濯準弟

厲居正　朱元之　尚朴

陳杞兼中刑法

淳熙八年黃由榜

諸葛千能　姚廷昂廷袞兄　魏挺中復姪

朱元龜　陸子愚長民孫　葉派汝士子

梁汝明　宋駒

淳熙十一年衛涇榜

施累　黃邁度子　虞時忱時中弟

吳芸　董之奇　陸洋

白公焯　陶廷俊　姚一謙廷昂弟

淳熙十四年王容榜

石宗萬 宗昭弟兵部侍郎 周之瑞 汝能姪 黄克仁 詔曾孫

應夔 郭綽 徐三畏

杜思恭

紹熙元年余復牓

陳用之 橐孫祀諱文學與 諸葛安節 别院省元

潘方 莫子偉 叔光子

紹熙四年陳亮牓

宋叔壽 王度 劉宗向

陳用之 再登科 許閎 開弟

慶元二年鄒應龍牓

莫子純 狀元以有官充第二叔光姪中書舍人 曾勳 槩子

王潡　黃伸嘉禮子　陳無損過庭曾孫

馮景中時敏子　石宗魏衍之元孫　楊拱辰

馮大受　王夢龍　石宗王景衍曾孫

方秉成秉文弟

慶元五年曾從龍牓

呂沖之　張撫辰宗仲子　李知新光姪孫

王復明　傅誠墨卿元孫　胡衛沂孫

曾顯槩姪　石孝溥宗昭子　茹騤

嘉泰二年傅行簡牓

方秉哲秉文弟秉成兄　張炳　楊轟

袁一之

開禧元年毛自知牓　黃庭度弟
盧補之　過文煥　張浹辰宗仲子
申宗說　梁簡仲寬孫　田輿
任必萬
嘉定元年鄭自誠牓
周之章之瑞弟　黃虎　諸葛興
佘一夔
嘉定四年趙建大牓
李復光曾孫　滎熙辰　李知孝光孫
唐繼翊曾孫　錢難老　茹彧
虞埴時中孫

嘉定七年袁甫牓

孫之宏　朱晉　陳亨祖

姚翀　章夢允

嘉定十年吳潛牓

劉漢弼　姚鏞憲姪孫　陸若川升之孫

丁煇希説曾姪孫　丁燧煇弟　袁行之

尹煥　葉明道汝士孫　周宣子之綱子

閻璋　章又新　鄭大中

楊權

嘉定十三年劉渭牓

諸葛十朋　孫祖佑　王栝

過必宷　尤孟遠　茅彙征

王祖洽　王𪷈

嘉定十六年蔣重珍牓

毛遇順　周溶孫　莊𡽆

聞人知名　王建封俊彥孫

寶慶二年王會龍牓

楊瑾

紹定二年黄朴牓　張崧卿

任貴登　張飛卿　勞崇之

紹定四年

慶壽恩釋褐賜進士出身

王傑

阮元兩浙金石志府志於宣和六年失錄諸葛行言紹興二十四年失錄趙粹中紹熙四年失錄陳用之蓋用之元年余復榜以犯諱與文學至是再登科也又紹興八年繆漄誤作涯淳熙八年姚廷昂誤作趙嘉定元年余一夔誤作金七年章燮光誤作董十年丁煇誤作嬋[煒]十三年王栝誤作杭紹定二年任貴登誤作任貴

按碑云太上御名同音者石子重整也改紹興十八年王佐榜登科錄是年陸升之與弟光之同登第升之貫開封府陳留縣孝義鄉高祖太傅爲戶光之貫紹興府山陰縣坊郭鄉錦鱗里祖爲戶兄弟異籍不

以爲嫌表出之以見宋代著籍之例不拘如此

南宋小隱山題記刻高一尺二寸廣二尺九寸二十五行行十二字正書徑九分

（沈作賓撰　慶元五年立在山陰小隱山摩崖）

小隱山

小隱山園在郡城西南鏡湖中四面皆水舊名侯山晉孔愉嘗居焉皇祐中太守楊紘始與賓從往遊而愜焉問其主王氏山何名對曰有之匪佳名也亭有名否則謝不敢洒使以其圖來悉與之名山曰小隱之山堂曰小隱之堂池曰瑟瑟之池命其

亭曰勝弈亭曰志歸亭曰湖光
亭曰翠麓亭又有探幽徑擷芳
徑捫蘿磴百華頂山之外有鑑
中亭倒影亭皆楊公所自命名
而通判軍州事錢公輔又爲刻
石記之後且百年浸廢勿理少
師陸公宰嘗得之以爲别墅作
賦歸堂六友堂遐觀堂秀發軒
放龜臺蠟屐亭明秀亭拄頰亭
撫松亭會公改築之城之東隅
今惟賦歸堂蠟屐亭存焉皆少

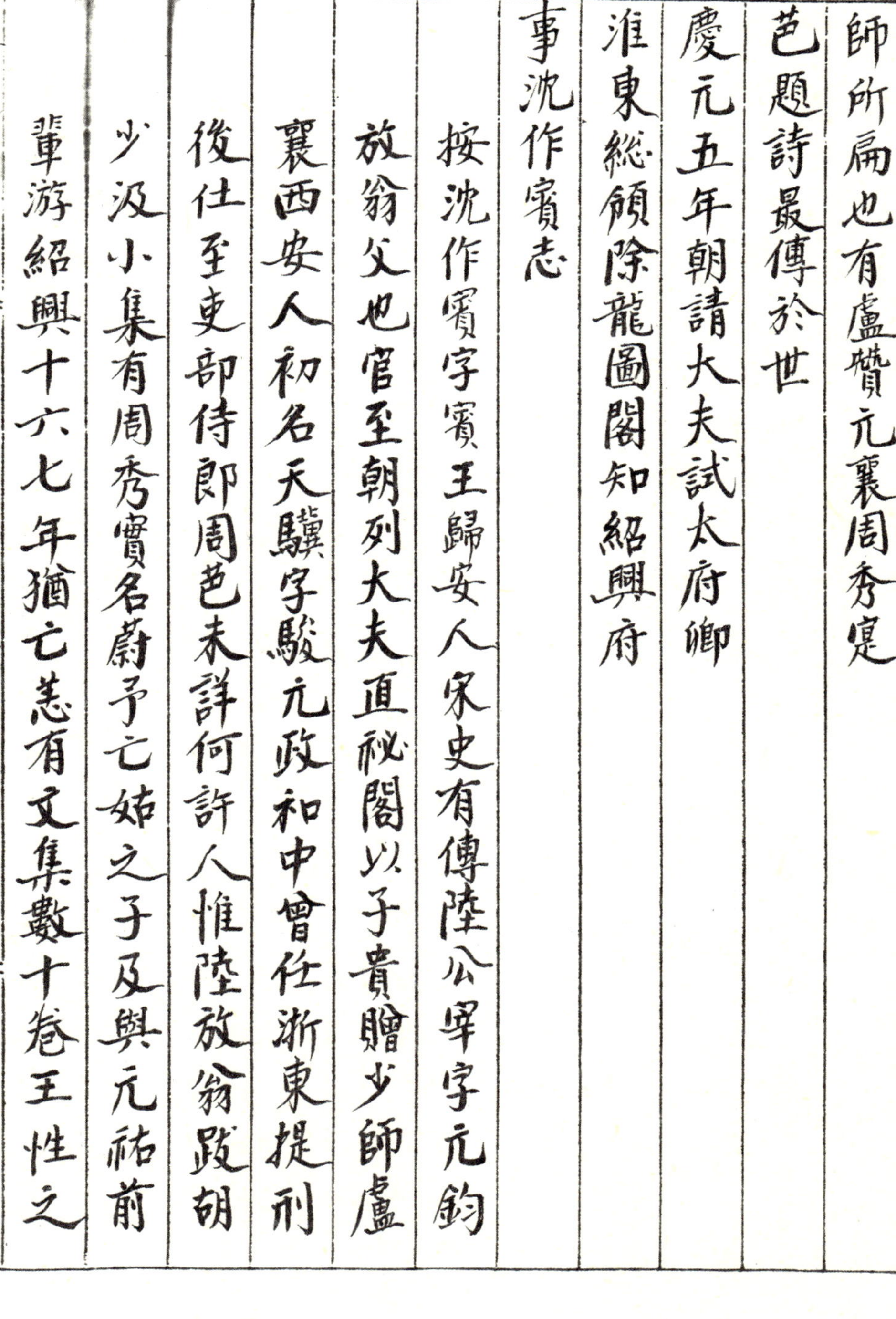

師所扁也有盧贊元襄周秀寔芭題詩最傳於世

慶元五年朝請大夫試太府卿淮東總領除龍圖閣知紹興府事沈作賓志

按沈作賓字賓王歸安人宋史有傳陸公宰字元鈞放翁父也官至朝列大夫直祕閣以子貴贈少師盧襄西安人初名天驥字駿元政和中曾任浙東提刑後仕至吏部侍郎周芭未詳何許人惟陸放翁跋胡少汲小集有周秀實名蔚予亡姑之子及與元祐前輩游紹興十六七年猶亡恙有文集數十卷王性之

作序之語雖字同名異然時代符合又爲亢鈞之甥

殆即其人而更名者歟此記下左方有小隱山春乙

巳六字二行迤右又横列方辛二字俱正書徑二寸

許筆法工整非後人妄鑿四旁又無漫漶處不知作

何解也

南宋紹興府修學記碑高六尺六寸廣三尺三寸額篆書紹興府口學記六字二行徑四寸記存十九行字數無攷行書徑一寸

（年月闕在紹興府學）

紹興府修學記

通奉大夫提舉江州太平興國[闕]

中大夫右文殿修撰新改知溫州軍[闕]

辟雍海流冠帶環會五學迭入三宮有詩

天子之教也半林取芹口口展禮列坐正講下車延儒諸

侯之化也自京達之郡[闕]拔才英俶廣士廈皆所以建民

極植邦基訓明六經杓準萬世非止區區工簡素束[闕]已

越牛斗之墟舜禹踐口存峰巒秀明江海襟抱口氣旁薄

蔚口雲霞山川既古且[闕]問探史氏服膺儒先經學則虞
翻楊口口口口口口口國史學則趙曅口口謝沉靈運[闕]
口口口文章則虞世基世南口口口融夫鳳口口口口口
口弗可廟英碩之姿口跣表儁[闕]古教化修治學官適昌
斯文口口口口口是以師尚高行表用名士則任延張霸也
薦拔[闕]章王子尚也其曰此郡口風蹈雅彷彿淹中春誦
夏弦依稀河上宜窮儒[闕]表顏延年之文也然則口明庠
序躬珮教誨不在建庠乎乃庚午之秋郡[闕]涖于疇商窘
于市官廬口宅一無全居往往編織口口口緝葦竹相與
謀口以[闕]也有門珖珖扃戟交煥有廡翼翼龍斲孔延口
口口口口口口煒業得其所肆禮[闕]蓋今 帥守口口

口閣留侯以規口口其始口口口口口口口口成也侯倣啓

藩闕畣者融虛者實凡百口口口口口口特於儒璜萬金

口口口之本克勹後先維昔

孝宗皇帝擢自橐坐付之口口口口口間父子相望嘗口

口口口口口口口薄口口部內闕口士固有儀也訓垂口

口口口口邈口口諸梁肅日學闕口口口口口口口口口

口口口口口也今攷子玉之言曰以下俱闕

按是碑年月及撰書人俱闕，余嘗就其文考之，蓋嘉定五年修學記也。記中有云「今帥守口口口閣留侯」。攷宋時知紹興府留姓者二人，一爲留正，一爲留恭即正次子。正以淳熙二年四月由承議郎顯謨閣直學士

知是年罷恭以嘉定三年六月由朝奉大夫直寶謨
閣知五年四月與宫觀令記云庚午之秋則淳熙二
年乃乙未嘉定三年實庚午且記又有父子相望語
是主修者爲留恭無疑其閣字上闕文當爲直寶謨
三字矣恭字伯禮永春人萬歷府志入名宦傳至書
碑者余又考爲莫公子純寶慶續志子純傳云加右
文殿修撰知江州不赴改知温州歷官與系銜合葉
適撰子純母虞夫人墓誌稱嘉定五年夫人從其子
守温州其時亦正符則修學之舉即在五年又可知
矣子純字粹中山陰人慶元二年進士第一以叔叔
光陰先得官改第二吾郡宋代廷魁四人惟詹公騤

有紹熙二年所書修學記尚完好是碑久無知爲莫
公書者而余偶推究得之可謂快事惜碑質已腐恐
難經久也

南宋紹興府新置二莊記碑高七尺一寸廣三尺五寸額篆書紹興府新置弍莊記八字

二行徑三寸記十八行行三十三字正書徑一寸五分

葉適撰　曾槃書　嘉定八年□月立在紹興府學

首行題闕

嘉定七年越州初建二莊於諸暨縣古博嶺越之西皆海也水怒防失冒實盜隳白楊市兩縣間蕩爲滄溟事聞上遽頒經常命太守趙公彥倓築堤捍之起湯灣迄王家浦公又益以留州錢千餘萬役自秋復夏乃畢越人謝曰昔土塘而今石宜可久無患公愀然曰未也堤之始宂尺寸兩慢不省積歲月大潰矣今雖壯好後將復然石何能爲初民杜思齊獲罪家没入公請買於安邊所別藏其租

以微補頊一也越爲郊畿而民不勝困卿相迭守而治反
踈鹵城堞營廨無不弊鋏聘問燕饗無不削損若夫命鄉
論秀合樂以侑之古今常禮也然且寂而無聲數十年矣
公又歎曰越爲東諸侯率而簡陋至此況以貴儆世哉幸
吾在皆略具而鹿鳴歌矣若異日何因思齊之餘又買諸
傳氏以侍三歲之用二也余知公者故以記來請嗟夫政
未有不得其本而後成其末也故捍海之功巨而害原於
小舉士之貴小而所關者大二莊之作趙公知之矣非特
此也劵易米而致鏹三物相流通不貴糴矣持劵索錢昏
暮無不與天下坐會子犯法相望不濫罰矣勤收而儉藏
以貫萬數者四十乙亥大旱舉以救民不病歲矣有本之

郊也抑又有焉夫名峰異嶺在揚州蓋百千所獨會稽爲鎮山越之奇勝峻特擅於東南者以山也其深泉高瀑百道爭流昔人浚而爲湖山之窈窕縈紆媚於越中者以湖也湖今廢矣公能疏鑿以復漢晉之舊存王謝遺跡則治越之美可垂無窮二莊區區又豈足爲公道哉雖然天子召公歸矣嘉定八年□□□□葉適記章貢曾槃書

阮元兩浙金石志時彥倓已改太府少卿召還此蓋因其去任而立也

按趙守彥倓築隄及買田備修事寶慶續志詳之其資諸生鄉舉之費則志所未載也彥倓字安卿宗室子宋史有傳記中以微補煩句葉水心集本作以備

補完是碑書者姓名已泐乾隆府志作曾槃蓋其時尚未闕也槃字樂道禮部侍郎文清公幾孫左司郎中逢子見陸務觀文清墓誌誌撰於淳熙五年稱槃官迪功郎監戶部贍軍烏盆酒庫又乾道六年爲蕭山尉亦見入蜀記曾氏自文清寓越遂世居之書章貢者文清本贛人也

南宋紹興府學撥酒稅額錢記碑高一尺四寸廣四尺三十九行行十七字正書徑五分

（徐赫撰并書　袁聘儒篆額　嘉定十年十二月立在紹興府學）

□□□□□□□□日大懼不足補壓其承

闕

□□□□□□□□移鎮是邦下車以來惠

□□□□□□□□饑朝齏莫鹽每憂其有

□□□□□□□□還債錢事　公知之迺

□□□□□□□□不女疵瑕也然因予日

□□□□□□□□分予日之所入日給之

□□□□□□□□庫酒額各緡千錢税務
□□□□□□□□也輕散之錙藏也薄月
□□□□□□□□誠多也諸生感荷且驚
□□□□□□□□前乎此開越學之所未
□□□□□□□□所難變者赫因遡考顛
□□□□□□□□五頃見於　景祐三年
闕
□□□□□□□□隅新學始成又見於
□□□□□□□□丁卯此州郡之惠也其
□□□□□□□□萬緡以增新祖今　江
□□□□□□帖府庫以償放債殆不止一

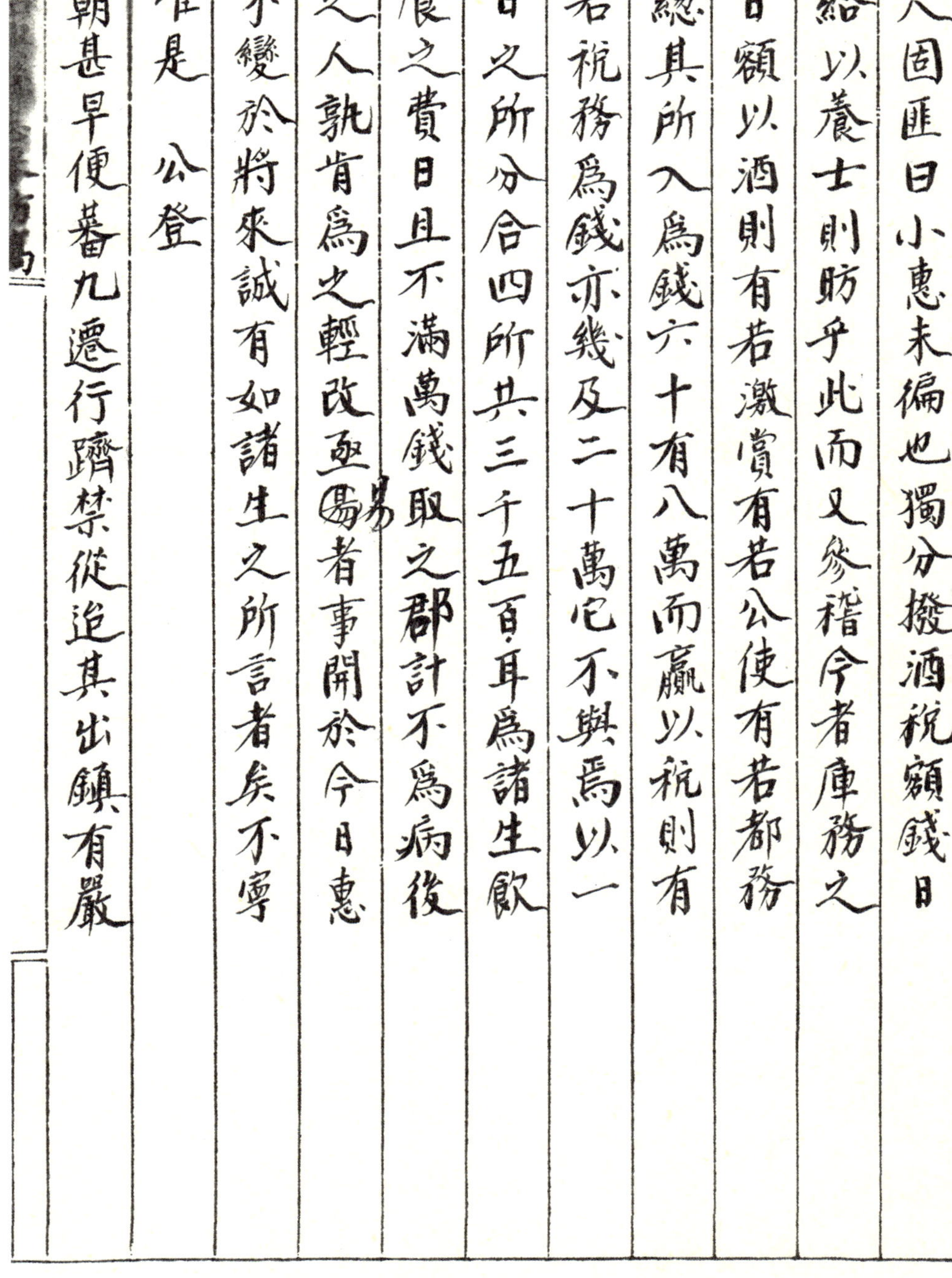

人固匪曰小惠未徧也獨分撥酒稅額錢日
給以養士則昉乎此而又參稽今者庫務之
日額以酒則有若激賞有若公使有若都務
總其所入爲錢六十有八萬而贏以稅則有
若稅務爲錢亦幾及二十萬它不與焉以一
日之所分合四所共三千五百耳爲諸生飲
食之費日且不滿萬錢取之郡計不爲病後
之人孰肯爲之輕改亟易者事開於今日惠
不變於將來誠有如諸生之所言者矣不寧
惟是　公登
朝甚早便蕃九遷行躋禁從迨其出鎮有嚴

輦轂而又崇儒重道所至見思今越之爲政
也尤不苛刻不躁急動循成憲至其開心見
誠凡俗化之所關 別駕之賢 幕中之英
下與最爾之諸生有一言可采者悉嘉納之
則於今日學校之事可以槩見 公之大略
矣暇日諸生取 公之所判與夫稟劄之所
陳刻之石併以一時諸生相與言者書之嘉
定十年十二月既望從政郎充紹興府府學
教授徐赫謹書朝奉郎兩浙東路安撫司主
管機宜文字袁聘儒篆額 會稽丁昺刊

按是碑上截磨去僅存下方一段亦殘闕据跋語知

爲郡守撥酒税二項錢給學養士之舉其上方所刻者當即跋中所謂府判與學中稟劄矣攷寶慶志嘉定十年知府事者爲王補之跋有云景祐三年者乃州守李照始立學宫之時云丁卯者乃治平元年張守伯玉成新學之歲也宣和以後越州守臣例兼浙東安撫使宋史職官志云其屬有主管機宜文字袁聘儒歸安人紹熙四年進士教授徐赫機宜袁聘儒乾隆府志俱未載

南宋高宗與呂頤浩手札碑石四方各高一尺六寸廣三尺七寸第一石一札十一行行書徑一寸五分一札二行徑二寸第二石一札三行徑一寸二分一札七行徑一寸六分第三石一札十二行徑一寸八分一札三行徑二寸以上俱行書第四石剳子十六行正書徑八分批答二行行書徑一寸二分以上行字俱不等跋十行行二十字正書徑六分

嘉定十四年五月立在府治大路呂忠穆公祠

後有呂頤浩等剳子　呂昭亮跋

欲與張俊親筆雖頗獎其能戰然亦有識勵大略以爲金人强悍有素雖驟爾敗衂恐别畜姦謀憂生意外且言既已挫其初當善圖其後令益施方略多作准備激勵士卒以收全功本欲與金一千兩得卿等奏欲減半不知如何亦更不令劉洪道作水陸卿等看得不奏來

賜杜充劉光世詔書二紙卿看訖進來

伍

呂頤浩可差兵士二百人付王晉錫津般行宫什物事畢即時發遣

伍

訪聞行在漸賣花木或一二珍禽此風不可長及有舟船興販多以旗幟妄作御前物色可嚴立法禁如或官司合行收買者須明告所屬去處其花木珍禽可劄下臨安府諸門不得放入

伍

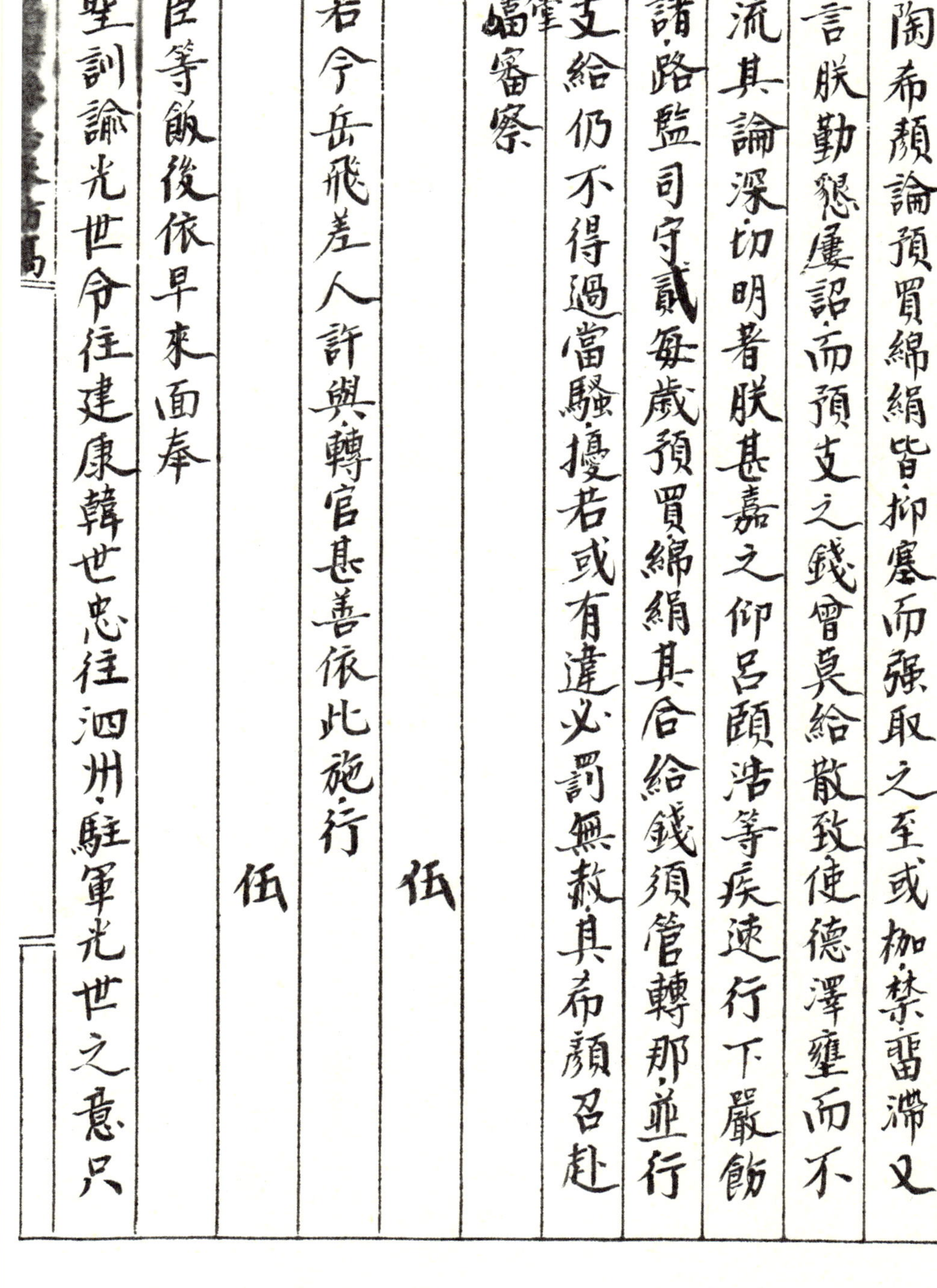

陶希顏論預買綿絹皆抑塞而强取之至或枷禁留滯又
言朕勤懇屢詔而預支之錢曾莫給散致使德澤壅而不
流其論深切明著朕甚嘉之仰呂頤浩等疾速行下嚴飭
諸路監司守貳每歲預買綿絹其合給錢須管轉那並行
支給仍不得過當騷擾若或有違必罰無赦具希顏召赴
堂審察

伍

若令岳飛差人許與轉官甚善依此施行

伍

臣等飯後依早來面奉
聖訓諭光世令往建康韓世忠往泗州駐軍光世之意只

欲在鎮江又云光世豈可不爭功又云世忠既往泗州光世願駐軍於楚州或承州又云世忠可令往濠州此決不可從臣等竊料光世之意只緣鎮江府揚州夾岸廣有田業鎮江城市房廊亦多戀戀不欲捨去今已差光世幕屬范正輿知鎮江葢是曲全人情伏望

聖慈深賜

睿察所有熟狀已修寫訖未審今日可與未可

進入取

進止

三月二十五日臣俯臣益臣勝非臣頤浩劄子

此事甚大俟來日與卿等面議　伍

臣大父忠穆公先臣頤浩曩叨

思陵殊遇協濟艱難

奏報宣示

宸奎絢爛

寵被股肱

君臣相與之深伏讀感泣權臣追仇舉族遷謫散逸之餘數紙僅存謹模勒堅珉垂諸不朽於戲豈比賜履分璜世守舊物而已勉思厥紹懼過佚前人光子子孫孫尚其念兹永寶勿墜嘉定十四年五月既望

朝散郎行司農寺丞臣呂罍拜手稽首恭書

按宋史呂頤浩傳字元直其先樂陵人徙齊州高宗

朝再秉政卒贈太師秦國公謚忠穆孝宗淳熙十五年配饗高宗廟庭攷宰輔表忠穆以建炎三年四月守右僕射四年四月罷紹興元年九月復爲左僕射三年九月罷此碑第一札當在建炎四年正月時張俊爲浙東制置使劉洪道知明州先是十二月金人至明俊率楊沂中等敗之至是攻城又敗之金人拔寨去屯餘姚請濟師於宗弼故賜勅奬勵洪道亦不別改官不料俊洪道之卽棄城遁也第二札當在建炎三年閏八月時命杜充守建康劉光世宣撫江東受充節制光世畏充嚴峻上書言不可者六帝怒光世惶恐受命故降詔二人令和衷濟國也後四札三

札在紹興二年其津般行宮什物則正月由越移蹕杭州也珍禽花木毋入臨安諸門則八月所降詔書也命岳侯差人前去蓋命招楚寇曹成岳本傳所謂至茶陵奉詔招之亦二年事也惟陶希顔事無可攷至忠穆等所上劄子乃三年之三月時徐俯爲簽樞席益爲參政朱勝非爲右僕射也忠穆在越有祠者据明宣德中其八世孫大理少卿呂升修廟告文稱忠穆以扈蹕南度賜居臨海歿後秦檜修怨擧族遷謫子秘閣太中按本傳忠穆子名抗嘉定赤城志載有子名搢兩浙轉運副使表知秘閣何名卒於貶所孫知府寺丞昭亮跋署司農寺丞當即其人遇赦扶柩而歸沿途卜葬遂居於越云云則祠即昭亮所建也

祠由宋迄今地處城市而郡邑志乘絶無紀載可謂疎於採訪者矣祠中又有高宗手詔一碑乃忠穆罷相後復起湖南安撫制置時所賜并以家藏墨蹟勒石者其文乃沈與求撰見龜溪集中今并録於後○

朕以湖湘八州之地西通巴蜀爲國上游往連盜區一方騷動比加招輯雖已略平而民俗剽輕或易生變允藉耆德以填撫之乃起卿燕閒之中而屬以方面之事庶期談笑坐以銷萌慰彼黎元增重形勢而抗章固避殊咈于懷惟卿社稷元老身任安危必不以[illegible]爲閒諒應聞命慨然引途故特親筆詔諭卿宜悉之[illegible]頤浩名上鈐寶押字與宋碑同

南宋汪綱等題名刻高三尺三寸廣二尺五寸六行行八字正書經三寸

（嘉定十五年三月刻在會稽宛委山飛來石摩崖）

會稽守汪綱通判蔡

師仲吳鑰會稽宰蔣

如愚山陰宰趙希袞

以嘉定壬午三月既

望勸農于龍瑞宮登

射的亭啜茗而歸

按汪綱字仲舉黟縣人宋史有傳趙希袞宋宗室世系表作希稽秦王德芳八世孫射的亭寶慶志遺其名仲舉蒞越多所興建此亭應亦其所創造者石上

又有殘刻二行闕年夏闕師仲來當卽此蔡師仲也

二通判稽陰二字

乾隆府志俱未載

南宋曾黯南岳題字。碑高六尺二寸，廣三尺八寸。大字二行，行四字，正書，徑一尺二寸。小字二行，行八字，徑一寸。

曾黯書　紹定元年正月立，在府治會稽縣學。

紹定戊子孟春一日

見素抱朴

少私寡欲

曾黯書于南岳石壁

按：八字老子文，黯既書於南岳石壁，不知何時摹刻越中會稽學宮。元初燬於火，故宋碑絕無存者，則此又從他所移至者矣。黯字温伯，會稽人，慶元五年進士。文清公幾曾孫。陸渭南集有曾温伯字序及除寶

謨閣待制舉黯自代狀黯時官從政郎總領淮東軍

馬錢糧所準備差遣蓋嘉泰三年正月事

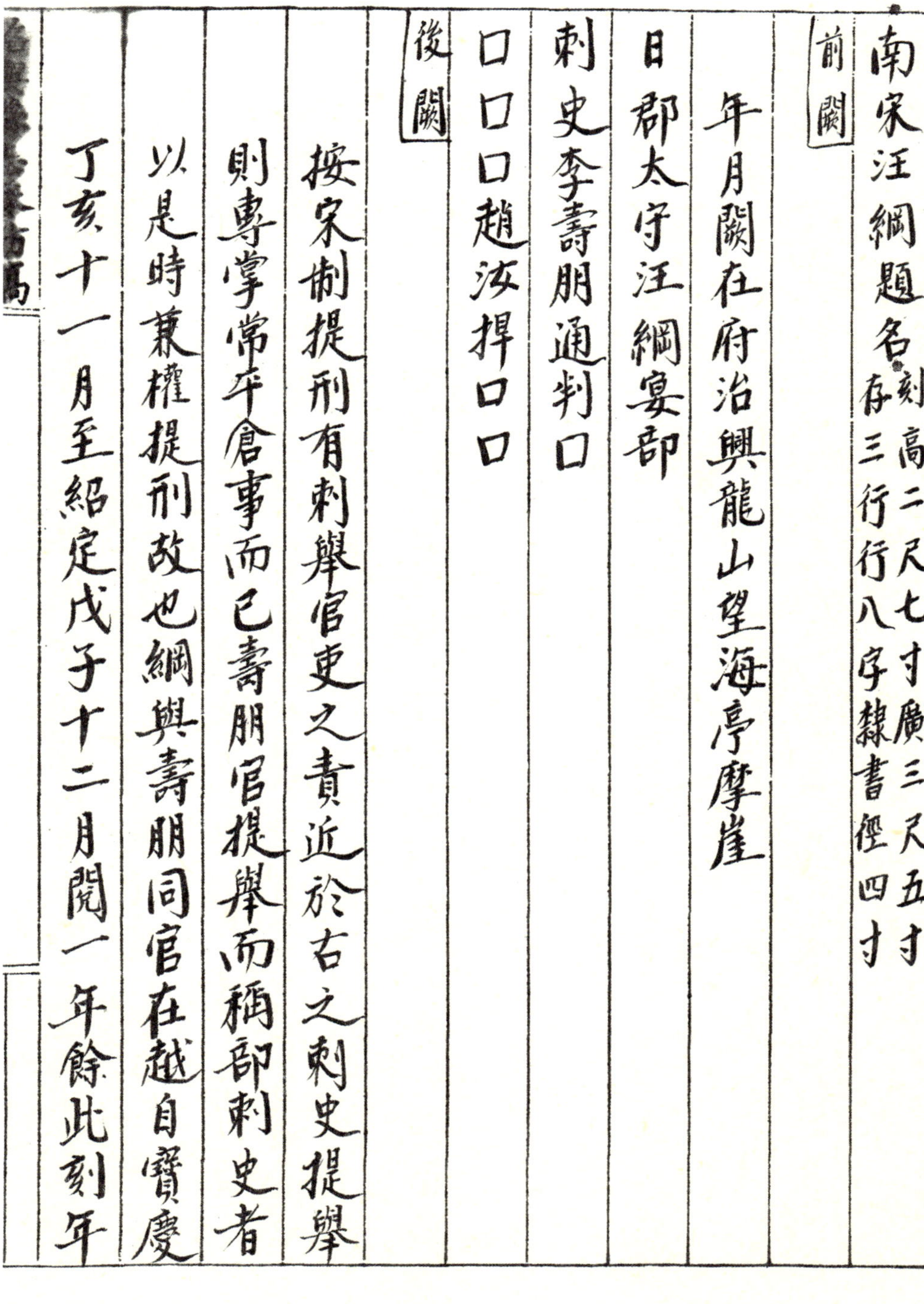

南宋汪綱題名 刻高二尺七寸廣三尺五寸存三行行八字隸書徑四寸

前闕

年月闕在府治興龍山望海亭摩崖

日郡太守汪綱宴部

刺史李壽朋通判口

口口口趙汝捍口口

後闕

按宋制提刑有刺舉官吏之責近於古之刺史提舉則專掌常平倉事而已壽朋官提舉而稱部刺史者以是時兼權提刑故也綱與壽朋同官在越自寶慶丁亥十一月至紹定戊子十二月閱一年餘此刻年

月剝蝕要在此兩年内矣趙汝捍太宗子商王元份之後見宋史宗室表乾隆府志據是刻於職官通判内補入汝捍然通判下殘闕四字則汝捍之居何職初未可定也

南宋汪綱李壽朋題名刻高三尺三寸廣三尺七行行十字正書徑三寸

紹定元年十一月刻在府治興龍山望海亭摩崖

嘉定辛巳十二月新安汪
綱由憲口帥以紹定戊子
十二月三日召赴口口寶
慶丁亥十一月桐川李壽
朋以倉兼憲亦以是日口
知平江府十有一日酌口
于飛翼樓翌日偕行

按寶慶續志安撫題名汪綱嘉定十四年辛巳十二月
到任紹定元年戊子十二月召赴行在提舉題名李壽

朋寶慶三年丁亥十月到任紹定元年十二月除知平江府俱與此合其稱憲者提刑也稱帥者南宋紹興郡守例兼安撫使也稱倉者提舉常平也綱由憲口帥者由提刑除知府事也壽朋以倉兼憲者攷續志提刑本綱兼權至寶慶丁亥九月乞差正官乃除太常少卿虁溧以十月到任然溧去官年月志無明文今此刻云十一月壽朋以倉兼憲則溧蓋不過月餘即去朝廷遂不别差正官而以壽朋兼攝是可以補志之闕也壽朋廣德人在春秋爲吳桐汭地故有桐川之稱飛翼樓范蠡所築久已不存綱以望海亭即其遺址舉其舊名爾刻在最高處人無知者其每行

末一字因明人鐫太守湯公篤齋動静樂壽四大字

遂致鑿損

南宋尹朱二先生祠堂記碑高七尺八寸廣三尺八寸額篆書尹朱式先生祠堂記八字二行徑三寸記十七行行四十一字正書徑一寸

劉宰撰　袁肅書　王夢龍篆額　紹定三年四月立

在紹興府學

新安汪侯以提點浙東刑獄兼帥越既鼎新庠序使士知鄉方又謂古之學者必釋奠于其國之先師國無其人則取諸它國亦必有則也惟堯舜禹湯文武周公孔子孟軻所傳之道至河南程夫子而復傳近世諸老及登程夫子之門而能得夫子之道者惟和靜尹先生而先生實歸老于越其殁也丘壟存焉非越之先師歟不及登程夫子之門而能得夫子之道者惟文公朱先生而先生嘗建臺于

越其歿也荒政社倉遺愛存焉藉非越人非越之所嘗師歟而學僅有和靖祠庳陋不足以揭虔則因庠序之新更爲堂而竝祀之使士知取則焉庸非師帥之責歟因相地西廡之外度材鳩工未幾祠成肖二先生之像于前而列二先生與其師若友之書于側使學者仰瞻像設而知所尊倚翫簡編而知所存非以善教得民者其孰能之詩曰高山仰止景行行止越之士宜知所勉矣既成而權教授王君遂書來道諸生之意俾余爲記余嘗竊攷二先生之事則有可言者和靖患學者聞見之雜傳襲之繆雖不欲以言語示人晚侍經筵所進語解一編敘參簡短而蘊奧略具蓋欲學者黙識而心會文公患學者講學之廢而析

理不明曰經傳之遺言探聖賢之微旨往往成書最後以論孟中庸大學四書集道之大成合諸家之説擇焉唯恐不精取衆説之善語焉唯恐不詳益欲學者目擊而道存二先生之事不同如此要其終而論則和静之學似曾子守約欲以施博文公之學似孟子詳説所以反約孔氏之門無曾子則空言汨而道不傳無孟子則微言隱而道不明而二先生生之在程門亦似之由是而言則二先生之生實道統攸繫人極之所以立人心之所以未昧繫二先生是賴豈惟越人祠之將天下實祠之余故喜爲之書以見天下之祠二先生自越始而越人之祠二先生自汪侯始侯名統字仲宗紹定庚寅孟夏既望奉議郎直祕閣主管

建昌軍仙都觀劉寧記朝散大夫行宗學博士兼　景獻

府教授袁肅書朝議大夫新除司農卿口夢龍篆額

丁杲口口口

按劉寧字平國，金壇人，宋史有傳，記載漫塘集中，字句無大異。同惟集云秋分日，碑云孟夏望，爲不合爾。

袁肅，鄞人，絜齋先生燮子，慶元五年進士，其系銜有景獻府教授，或疑景獻太子薨於嘉定十三年，紹定時不應尚設教授。攷李心傳朝野雜記，紹興十四年建宗學於臨安，學生以百名爲額，在學者皆南宫北宅子孫若親賢宅近屬，則别置教授以館職兼，不在宗子之列。故宋史莊文太子、魏惠憲王二傳，薨後皆云設有府教授因莊文惠獻俱有子也景獻本傳不載其有子亦不載設教授今以肅官證之則史之疎漏者多矣篆額者名夢龍姓已剝蝕萬歷府志鄉賢傳有王夢龍新昌人曾官司農卿盍即其人也和靜墓在府城南三十里謝墅天柱峰下久失其處乾隆間得墓碑其後裔居嵊者始復葺之教授王遂乾隆府志未載

紹興縣志採訪稿

南宋紹興府進士題名三碑高六尺九寸廣三尺八寸額隸書紹興府進士題名三八字四行徑七寸碑分四列第一列記二十一行行十九字正書徑七分二列題名廿九行三列廿七行四列十行俱徑九分

繆蟾撰記　紹定五年十月立在紹興府學

上踐阼之八年

徽猷農卿程公帥浙東領府事下車未幾修教庠序以孝弟忠信淑諸生學者鄉風是年論秀賓興勸駕有加禮善類增氣明年奉

廷對二十有二人猗歟盛哉越所未有也舊題名記二姓氏充牣餘不盈咫　公一見嘆曰此邦爲

帝鄉且屬

東朝　壽慶　恩賜闔郡秀茂上春官得人宜多
茲詎足紀姓名亟礱石以俟捷至果如　公言
公嘗麾節鄞江今江東憲　袁君甫魁天下聯名
尤夥豈非　福星所至則魁躔文宿次舍翼從炳
煥增輝固應爾耶新碣肇建若字粲陳非獨傳不
朽亦方來至於文風丕振士氣聿張光紹三魁衮
衮未艾此又　公之所深屬蟾倚席罔功拭目榮
侈或謂蟾曰識顛末紀歲月郡博士職也蟾用不
敢辭謹再拜泚筆述所睹聞俾來者有考若夫前
記所刻自　杜正獻公而下其人物風流事業彪
炳者　國有史郡有志登載詳矣異時將大書特

書不一書而止作人有功聞者興起又當推本於
今紹定五年十月望日文林郎 特差充紹興府
府學教授繆蟾謹題

紹定五年徐元杰牓

陸壑佃五世孫 梁大受 葛焱
施退翁 孫子秀 胡昌
李衢光曾孫 陳錫禹 楊釋回拱辰姪
孫自中 王世威 陶夢桂廷俊孫
楊炎 楊國英 過夢符
王鵬舉 戴鐸 王華甫
陳煥 呂東南 王景壽

紹興縣志采方稿

端平二年吳叔告榜

馮喜孫谷四世孫　俞公美　孫塈祖

嘉熙二年周坦榜

胡太初余潛子三年中祠學科第一人　過正己文淡姪　全清夫

劉曾　孫逢辰　戴得一鐸兄

錢紳　屠雷發　戴浩得一子

楊珏瓘弟　孫譆　袁灝

韓境琦六世孫

淳祐元年辛丑徐儼夫榜

陳膺祖　鄭熙載　馮平國

淳祐四年甲辰留夢炎榜

章夢璞　張良孫　任西之
陳熹之　朱元光　楊允子
陳肖孫　李士特
淳祐七年丁未張淵微榜
葉秀發　王公大　孫嶸叟林之再從子癸亥中祠學
馮濟國
淳祐十年庚戌方逢辰榜
黄雷　胡夢鱗　王燦
胡杲　孫林之宏姪　商又新
王祖直　董元發
寶祐元年癸丑姚勉榜

陸逵　孫象先　毛振
夏仲亨　沈翥紳五世孫　陳夢卓
唐震　孫炳炎　李碩
錢恢
寶祐四年丙辰文天祥榜
杜應之　姚會之　何林
劉漢傳　莫子材　張頤孫
徐理
開慶己未周震炎榜
俞浙　李應祈省試賦魁　潘時晦
孟醇　朱國英　劉瑞龍

晏垚　陳碩
景定三年壬戌榜
方山京狀元　黄棪　黄遇龍
華景山　陸天驥　張霆
陳開先夢卓弟　許寘省試第二名　徐天祐
吳大順　吳天雷　王端
咸淳元年乙丑阮登炳榜
潘文虎彬曾姪孫　俞湘公美浙姪　張翼
張彌浩　高子埜　郭泰來
陳化翰　呂淵沖之曾孫　王峻
袁儒　曾卓　聞人適

朱沐　陳俊卿　陳必得

胡淳　趙炎

太學上舍釋褐

董夢顯

咸淳四年陳文龍榜

朱士龍　朱得之　胡庸

石余亨　盧普　周遇龍

揚潭　商夢龍　余庭簡

咸淳七年張鎮孫榜

厲元吉

咸淳十年王龍澤榜

陳喜孫　陳庚應　董弼
丁午金　袁桂　傅默
王壽朋　周汝暨
阮元兩浙金石志府志題名中失載景定三年吴大順
王煝二人咸淳元年潘文虎張翼張彌浩郭泰來陳化
翰陳俊卿陳必得胡淳曾卓聞人適十人四年周遇龍
楊潭盧普三人十年陳喜孫董弼丁午金傅默王壽朋
五人又咸淳元年太學上舍釋褐董夢顯志亦遺之宋
時進士明經諸科外又有制科其後又有上舍出身及
博學宏詞科而推恩士子更有特奏名之例越中自南
渡後人文日盛世第連綿三碑所注代系科目藉以補

正志乘者不少然則石刻之有裨於文獻豈淺鮮耶

按記云奉廷對二十有二人卽指紹定五年榜也而石刻所列止二十一人不應漏奪當是筆誤爾府帥程公名覃三魁者紹興十八年王佐是年第一人董德元以有官改第二佐以第二改狀元淳熙二年詹騤慶元二年莫子純也子純以有官改第二第二人鄒應龍改狀元其後景定三年方山京復登大魁計有宋一代狀元四人實三人第二兩人錢易莫子純第三兩人陸佃李孟博第四兩人杜祁公胡沂至一家先有登第者復遇後人登第碑皆例注其人名下然間有未備今據所知增補焉　傅瑩營弟關布聲杞兄王釁繇子關景仁布聲兄求元忠穆忠弟朱常戩子以上題

名一　黃唐傑特弟諸葛行言行敏弟亭寵宏弟周汝能汝士（Ｏ）

弟陸洙游弟周之綱汝士姪諸葛千能行敏姪朱元龜元之弟

諸葛安節行敏姪諸葛興行敏姪諸葛十朋行言曾孫孫祖祐

應時姪周溶宣子孫任貴登必萬子張飛卿崧卿弟以上題

名二　呂秉南仲之孫錢紳移哲曾孫孫嘉子秀姪陳膺祖蒙元

孫孫象先之宏姪陳夢卓膺祖姪劉漢傳漢弼弟張頤孫良孫

弟朱國英元之孫王峻世咸姪朱得之士龍姪以上題名三

Ｏ又按題名三碑，第一碑夏噩重見，凡一百四十三人；第二碑陳用之重見，凡二百四十八人；第三碑迄於宋末，凡一百三十三人，都凡五百二十四人。其得謚者九人：杜世昌正獻、孫沔威敏、陳過庭忠肅、李光莊簡、胡沂獻簡、黃度宣獻、莫叔光文清、劉

漢彌忠震文介唐宋史有傳者十六人杜世昌齊廓孫沔顧臨陸佃石公弼李光
陳槖胡沂陸游黃度王爚劉漢弼孫子秀陳過庭唐震萬歷府志有傳而崇祀
鄉賢者三十二人杜世昌顧臨姚勔陸佃石公弼陳過庭姚舜明李光張宇發石公揆
陳槖胡沂唐閱王佐石墪黃開貝欽世陸游王逨黃度莫叔光王厚之姚憲孫應時莫子純王夢龍劉漢
弼王爚孫子秀唐震劉漢傳俞浙許褱有傳而未崇祀者二十九人齊廓
王絲孫沔齊唐石牧之華鎮朱戩虞賓唐翊華初平傅崧卿梁仲敏傅墨卿石公轍王公袞石斗文俞亨
宗石宗昭李友直朱元之杜思恭毛遇順楊瑾王華甫呂東南孫嶸叟孫炳炎方山京石余亨乾隆
府志補傳者十四人陸軫李孟博虞仲琳郭綽許閎馮景中諸葛興姚鏞陸壑孫囂
陳開先徐天祐余庭簡厲元吉其有事蹟著述尚可攷見而余所及
知者又二十一人沈紳褚理石衍之石象之關杞關景仁陸傳陸升之周汝士詹騤馮
大受呂沖之曾黯黃庭孫之宏商新韓境馮平國何林吳天雷趙炎又備錄之以見宋

代科舉得人之大槩焉按沈紳謚文肅雖見萬歷府縣志然志既不爲立傳核其
官職僅爲少卿亦不應得謚越中沈氏皆祖
文肅恐屬家譜傳聞之説附記之以俟考

南宋紹興府學整復僦錢牓記碑高六尺二寸廣三尺四寸額楷書紹興府學整復

僦錢牓記十字五行徑五寸碑分三列上列首行使府

二字正書徑三寸次牓文十六行中列接牓文六行行

十二字徑一寸一分年月四行行五字徑三寸末行使

字徑六寸下列申文十九行行字不等正書徑五分銜

名四行徑三分跋十三行行字

不等行書徑四分

淳祐八年九月立在紹興府學　後有劉致堯等劄子

朱從政跋

使府

僉廳奉

使府判送下府學教授朱從政

申本學僦户與掠錢人片扇盡

作屋宇倒損虛申減退元額十

無一二又欲撥還舊會以致積欠頗多公厨無可收買食料有悞指準乞從
使府給牓曉示應是佃賃府學屋地除官放外並要照元約點還見錢不許以會子撥折如有故違之人即乞斷錮監還元業
施行奉
台判索元立賃約呈本學承準後即檢尋元舊簿籍並是合同文約各付賃戶收執係點還見

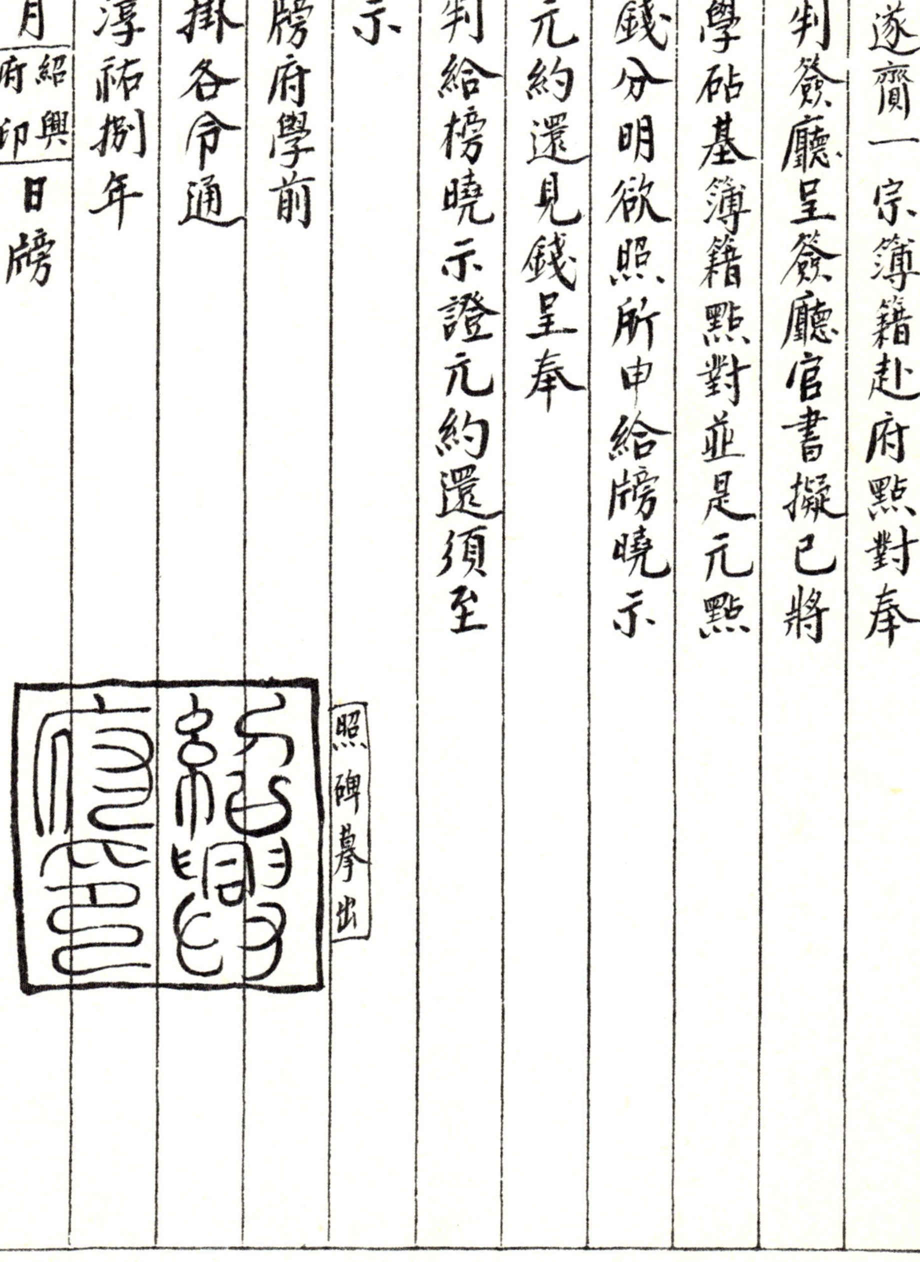
錢遂齋一宗簿籍赴府點對奉
台判發廳呈發廳官書擬已將
本學砧基簿籍點對並是元點
見錢分明欲照所申給牓曉示
照元約還見錢呈奉
台判給榜曉示證元約還須至
曉示
右牓府學前
張掛各令通
知淳祐捌年
柒月（紹興府印）日牓

照碑摹出

紹興縣志采訪稿

使下

致堯等竊見越學較之他郡生員頗盛土產最薄所恃以供

廚料者僦金而已止緣蠹弊日積考之元額十損七八卒

是撩錢人與賃戶轉相買囑巧立名色易見錢為舊會遂

致二膳菲薄殊失

朝廷養士之意致堯等濫巾學職銳圖整復申明

學廳乞從

使府給榜曉示賃戶照元約點還見錢得蒙

府教　詔使　大著　先生備申重蒙

大帥　寶文　大卿　先生軫念學校索上元砧基拖照

見得當來合同文約委係點還見錢分明給榜下學曉示

債戶照元約還見錢由是宿弊頓革支遺（達）稍紓致堯等深慮

日後復有乘間行私者轉移定式若不勒諸堅珉永遠為

照無以杜絕奸心欲望

台慈特從所乞施行干冒

師嚴下情不勝戰慄之至

右謹具申

呈

九月　日學生國子發解進士充直學王　宰劉子

學生鄉貢兩請進士充直學尹　經

學生鄉貢免解進士充學錄丁應龍

學生鄉貢免解進士充學正劉致堯

當職濫司教養無補事功昨因歲歉學廩告匱亟懇
帥府　庚司蒙給米續食幸免停供公廚二膳取辦僦
金因攷舊額日掠柒貫肆百壹拾文足中間主學計者
爲私而不爲公暗行給據消減易見錢而爲舊會每日
止掠式拾捌片十七界者近直學王寀根刷積弊取元
砧基點對人户日納皆見錢經府給榜蒙　使判照元
約點還今日掠已陸貫捌拾壹文足雖未盡復舊數增
益已踰三倍直學之有功於越校多矣他如學租元管
田肆仟肆伯餘畝分口所收僅式仟石其爲欺弊尤甚
於僦金當職因去載旱歉不暇根括行即書滿敬俟來
者甞淳祐戊申九月旦日從政

許濟刊

按淳祐八年知府事者爲趙性夫劄子稱寶文大卿者攷寶慶續志性夫時以大理少卿除直寶文閣也跋乃朱從政作兩浙金石志辨作復□因疑即跋吳履齋十二歲之邵復□殊誤教授朱從政乾隆府志未載

南宋存悔齋十二箴碑高七尺八寸廣三尺八寸額篆書履齋先生存悔齋十二箴十字二行徑二寸六分文十二行行十六字正書徑二寸二分下截跋三十二行行十五字正書徑六分又題名四行徑四分

吳潛撰　淳祐九年十二月立在府學刻於紹定中進士題名三碑陰　後有邵口復跋

性一以靜心虛而明以明合靜日純粹精
昂昂天民昭昭帝命萬善百行始於持敬
雲行雨施魚躍鳶飛愚回早覺達賜晚知
濂溪尤齋延平灑落其間工夫先去剛惡
大小往來屈伸感應其機不停莫若中正
吉生於悔吝必有凶所以聖賢貴乎反躬

辱踵榮後毀居譽前吉無不利在乎謙謙
蹇則修德困則致命無怨無尤敬恭以聽
爲善成名求名喪善有爲無爲義利之判
言倍招憂事倍招患以約失之吾見亦罕
當遯式尾當集貴翔聖人之道進退存亡
雨夜包晝偶陰對陽君子所履南方之強

右存悔齋十二箴

履齋先生吳公製以銘座右者也

皇上即位二十六年冬　先生奉命帥
越始入學升堂講禮招諸生誨之曰此
今天子毓聖之邦恩典視古南陽盍勉

旃既而頒示朱呂二先生學規又出所
自爲齋箴以勵後學衆相顧愕貽曰
先生以倫魁秉大政中邊瑩徹璧玉無
瑕四方善類仰爲標準而存悔有箴辭
嚴義密凛乎畏懼豈固欿然示天下哉
吾應之曰　先生以履名齋者也履者
禮也自上天下澤之象立而禮制行正
心誠意其本也修身齊家治國平天下
其用也天理人慾限界易迷别嫌明微
莫重於禮禮苟不持何以能悔悔苟不
存何以爲箴故悔一而義二警口口遷一

善改過之端覺悟於今是昨非之證則是悔也進德之機也震无咎者存乎悔是也顛冥於進退存亡之鄉昏亂□□遲臲卼之境則是悔也憂虞之象也□近相取而悔吝生是也　先生之學以忠孝爲大節以誠敬爲實務切切於理慾之辨義利之分是其心鏡内融禮與外馭固不至於有悔而猶存悔以自警則始於寡終於无克己復禮即顔子不遠復之時也以禮自防即衛武公聽用我謀之日也大冊渙庭行攄素藴□□

天下　先生其履而泰者乎易曰視履

考祥其旋元吉　先生以之衆皆曰然

因録諸石與學覌並傳俾同志者有攷

焉淳祐己酉季冬望日郡博士邵口復

謹識

學生迪功郎新池州東流縣主簿充府學學正宋申甫

學生鄉貢免解進士充府學學録丁應龍

學生鄉貢進士充府學學録劉瑞龍

學生鄉貢進士充府學直學沈翥

學生免解進士充府學直學王尚忠

學生鄉貢進士充府學糾彈陸天驥

學生免解進士充府學司計錢大有

丁杲同男元刊

按履齋吳丞相潛之别號也字毅夫寧國人宋史有傳嘉定十年廷對第一其知紹興以淳祐九年十一月至十二月即除同知樞密院事兼參知政事邵跋作於是月之望故有倫魁東大政之語學生中劉瑞龍嵊人開慶元年沈翥會稽人寶祐元年陸天驥山陰人景定三年皆登第淳祐乾隆府志誤辨淳熙蓋淳熙十六年歲亦己酉也教授邵口復乾隆府志未載

南宋寶祐橋題字刻二方每方高二尺三寸廣六寸正書徑五寸

寶祐元年九月立在府治寶祐橋空下隸會稽

旹寶祐癸丑

重陽吉日立

按癸丑爲寶祐之元年故以名橋後土人於附近復建一橋稱爲小寶祐則於義無當矣

南宋府學二字碑碑高九尺三寸廣四尺三寸額篆書皇帝御書四字二行徑四寸二分分二列上列大字一行正書徑二尺五寸小字一行徑一寸三分下列表六十九行行二十二〇十一字不等正書徑五分年月銜名五行徑三分

理宗御書　寶祐元年十一月立在紹興府學　後有

戴登雲謝表

府學

御書

賜紹興府

之寶

臣登雲言今月二十一日承入　內內侍省東頭供奉

官幹辦　御藥院檢察　宮陵將安禮帖子傳奉

聖旨宣諭紹興府守臣陳顯伯等爲奏乞紹興府府學

名興縣上宗東方高

御書扁額伏蒙已下空格碑俱提行睿慈 賜府學二大字臣敬|
率諸生望 闕謝 恩祇受訖者 千巖競秀偉毓 聖
之名邦 肆筆 成書揭 昭天之 華扁 鼎新儒館
壯麗 帝鄉疊雲惶懼惶懼頓首頓首伏念臣奮自舍
闈叨膺 庭策職專分教粗知臣必盡忠心恐獲愆詎敢
食而怠事爰睹宮牆之隳廢亟資藩牧以興修 孝王之
宅再成青佩之居仍葺櫛櫺星以雩廟貌依芹水以繚屏
垣秋毫不費於學儲生財何道月俸薄捐於己帑得助者
多稍恢昔日之規模輒正 穹霄之 奎壁帥臣敷奏上
徹 宸衷 中使傳宣聳聞天下瞻企口勤於 北闕歡
迎爭出於西郊搢紳章布之奔趨交相勸色 文物禮樂

之　盛美莫不稱情　眷篤　九重　恩同四學茲盍伏
遇　皇帝陛下道探　羲畫　治煥　堯文　時敏　緝
熙　令德彌彰於　珠緯　日怡　清燕　丕猷浸溢於
瑤編後　寵渥於　諸馮　錫標題於泮序　龜圖
現瑞　虹渚　增輝　八法端嚴如侍　冕旒之　儀表
三熏捧拜恍驚　金玉之焜煌感荷　君恩　作成士類
臣敢不恪遵　追琢允極欽崇　倬然　雲漢之章　光
明　下濟　溥矣　淵泉之澤　風化旁行臣無任感
天荷　聖激切屏營之至謹率職事生員奉表稱　謝附
麗師臣謝表以　聞臣萱雲惶懼惶懼頓首頓首謹言
寶祐元年十一月　日迪功郎　特差充紹興府府學

教授臣戴　登雲　上表

鄉貢進士學正臣丁應龍　鄉貢進士學録臣劉瑞龍

免解進士直學臣錢大有　鄉貢進士直學臣相　峴

免解進士糾彈臣王尚忠　免解進士司計臣張口口

免解進士司書臣全　朴

臣李源臣丁亢刻

按紹興爲理宗潛龍之地故有此賜學中職事生員有學正學録直學糾彈司計司書諸名而司書不常見他刻者意職掌較輕多由兼攝歟教授戴登雲乾隆府志未載

南宋八字橋題字刻高三尺二寸廣五寸五分一行正書徑四寸

寶祐四年十一月立在府治八字橋空下隸會稽

皆寶祐丙辰仲冬吉日建

按橋已載嘉泰志以兩橋相對而斜狀如八字得名

此蓋記重建之歲月非創造也

南宋紹興府建小學田記碑高七尺三寸廣三尺六寸額篆書紹興府建小學田記八字

二行陽文徑三寸記二十一行行三

十七字正書徑一寸二分

陳景行撰　方口書　留夢炎題蓋　景定三年十月

立在紹興府學

碑陰正書　刻田段租額　後有陳景行跋行書

古者教養有法學不躐等人生八歲而入小學訓之以灑

掃應對進退之節禮樂射御書數之文若曲禮少儀內則

弟子職諸篇燦然可考及其十有五年然後取而入之大

學其施之有次第養之有本源蓋自爲童稚而其教固已

行矣後世科舉利祿之習勝父兄所以詔子弟庠序所以

口諸生區區焉以課程文取科第是務三尺童子駢儷綴

緝皆有紆朱懷金之想教口其本無懼口習之不如古也

越舊有小學羣居終日有養而無教余心慊然於是延禮

教諭俾朝夕誨口口口取　紫陽夫子小學諸書習而讀

之凡故家名族子孫之有美質而無以爲資者咸造焉口

口口而養弗給會

御書有閣歲久當葺修舊補與工費視鼎創一日謁之

大師厚齋先生　先生曰是余心口口泮宫廣生徒舍增

學子廩古贍牧守事余其敢後乎因撥山陰檢籍吏産得

湖田水田幷基口口二百三畝有奇計其所斂與征布之

入佐工役費其田盡歸之小學所以仰承

聖天子崇重學校嘉惠多士之意可謂至矣昔　太師史

忠定帥越建義廩於學以濟贊士口口之家貧而無力以
葬與夫孤女之不能嫁者至今越人德之然送其死可無
以養其生嫁其女口無以訓其子君子謂是舉也　史忠
定不得專美於越學矣　先生溫恭豈弟禮士愛民政教
口行風沂篤學而景行猥以郡文學因仍累政規模之舊
雖至愚極陋毫髮無補然亦不敢解怠口墨以敗名教獨
於小學竊有取於養蒙之義　先生又慨然撥田增廩以
樂成之學有本源口口陵躐它日擇其俊秀舉而升之大
學其所成就當不愧於古之賢士詩曰肆成人有德小子
有口古之人無斁譽髦斯士其是之謂矣因相與勤諸堅
珉以無忘　贊師帥之盛德云景定三季壬戌良月之吉

學生漕貢進士司計朱發（旁注：[illegible]）學生兩請鄉貢待省進士糾彈
王多吉學生漕貢進士直學王應漕學生鄉貢待省進士
直學劉瑞麟學生鄉貢進士學錄任發學生監貢進士學
正劉瑞祖門生迪功郎紹興府府學教授陳景行記門生
承議郎通判紹興軍府兼管内勸農事方口書朝奉大夫
秘閣修撰提舉福建路常平義倉茶事留夢炎題蓋
碑陰高六尺八寸廣三尺七寸分五列一二三列俱五十九行四列六十行五列五　丁元刊
十二行正書跋十行行書俱徑五分行字不等
景定叁年閏玖月拾伍日準
使府牒備奉
判府安撫李龍圖台判發（旁注：發）下逃吏俞汝爵籍沒田產專充

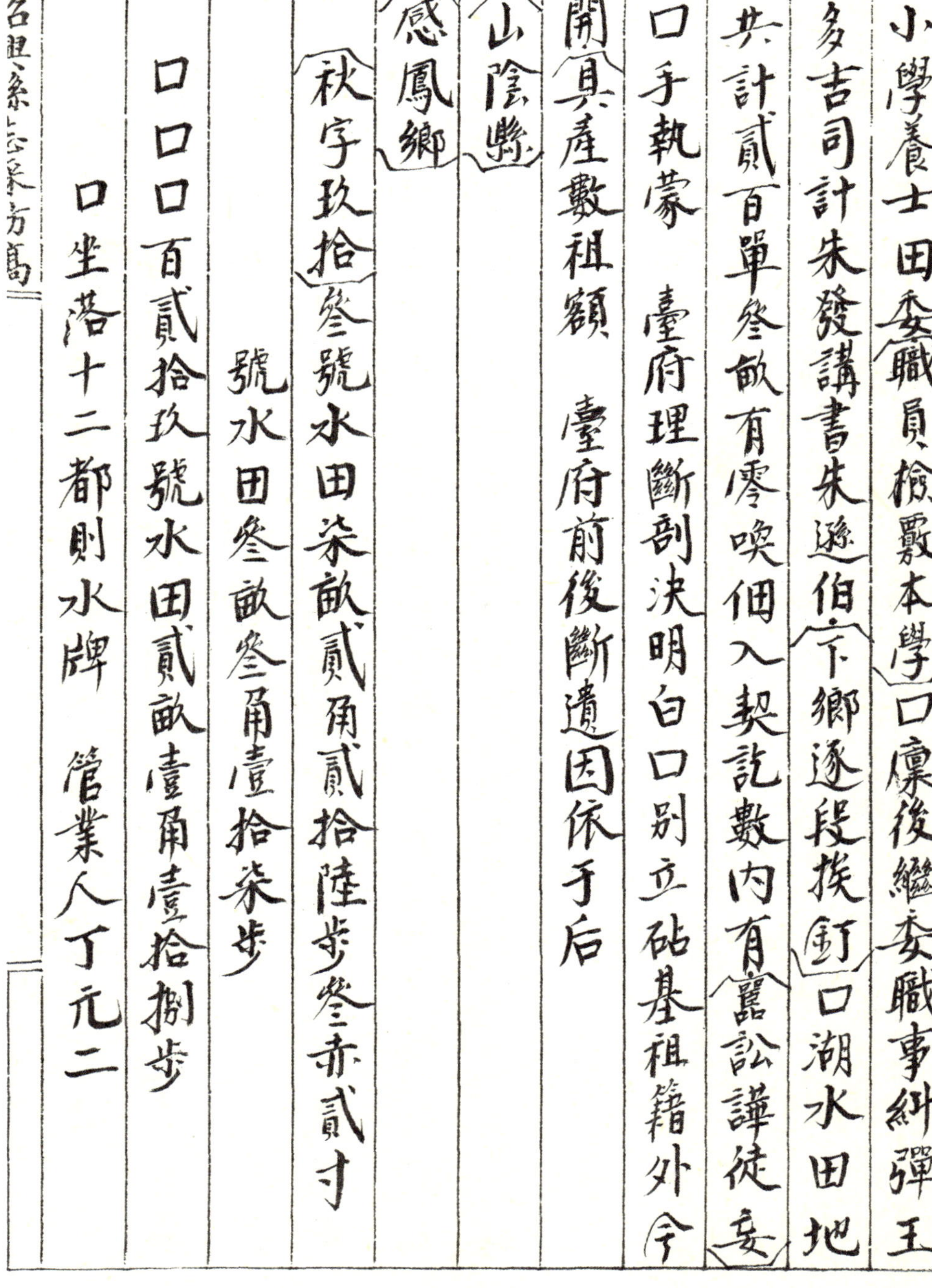

小學養士田委職員檢覈本學口廩後繼委職事糾彈王
多吉司計朱發講書朱遜伯下鄉遂段挨釘口湖水田地
共計貳百單叁畝有零喚佃入契訖數內有嚚訟譁徒妄
口手執蒙　臺府理斷剖決明白口別立砧基祖籍外今
開具産數租額　臺府前後斷遣因依于后
山陰縣
感鳳鄉
秋字玖拾叁號水田柒畝貳角貳拾陸步叁赤貳寸
號水田叁畝叁角壹拾柒步
口口口百貳拾玖號水田貳畝壹角壹拾捌步
口坐落十二都則水牌　管業人丁元二

口號共計壹拾叁畝叁角壹拾步叁赤貳寸
口口覈田職事挨究都保備稱係是百姓丁元二產詭
作丁千乙娘立戶已口口實忽準　使府備準　提舉
使司牒備據亭戶宋義狀稱係已口產本學點到契照
見得錢百十貫與丁千乙娘宋千乙娘典與趙紫口口
契并全借是已曾贖出得願不得契不應上手老契亦
在被留之數口口錄領子即無官司印押本學委難憑
信本學回申　使府及列項申口口轉運使臺準牒委
府判北廳專一提督未了事件續準　府判口行下
云云欲將別項會稽縣湖田玖畝叁角貳拾步換去一
元發下拾口畝叁角膏腴之田本學僉議難於私易已

具回申續於景定五年五白口準

口府牒備三江亭户宋義詞行下奉

判府安撫季大卿台判亭户佔佃官田敢與府學抗顯

無忌憚押下府學請府教兩廳差人監送直學責狀入

契令晚不伏解上斷治本學已遵稟喚上元業主丁一

亢二丁秀一到學入契再委糾彈司計親往打釘特從

饒減責祖遠拾石入契已據宋義責即無干預狀附案

申

府照會乞覓根究宋義特與封案一次訖

口口鄉

口字壹百伍拾貳號白熟地柒畝坐落十二都薛瀆佃

戶成六九上米陸碩

口字叄百肆拾貳號白熟地貳畝坐落十二都薛瀆東漊

東岸佃戶張元六上米貳碩

口字伍百柒拾叄號水田貳畝壹角叄拾叄步坐落十

二都薛瀆廟漊西岸

體字肆百陸拾號水田壹角伍拾肆步坐落十二都蝦

漊南

貳項並係佃戶張萬七共上米壹碩玖斗

體字叄百貳拾玖號水田叄畝肆拾伍步坐落十二都

此項叢田職事申挨尋未見本學牒縣喚問體字大保

張萬六等續據口到係陳元八佃種喚到陳元八責租

據供係陳郡馬管業忽據華總管宅幹人口口稱係本
宅田產繼索千照據陳郡馬孝忠齎出華宅名契照係
是口祐陸年置到趙知丞產本學契照係是慶元貳年
置到王通判產口口先後瞭然可見
口口口
口口口百伍拾捌號基地壹角叁拾陸步
號園地壹角壹拾肆步
口項並坐落十二都薛漬佃戶王亢二共上米壹
碩
口口口拾陸號水田肆畝叁角叁拾伍步坐落十二都
價盆紅墅佃戶張萬口口米叁碩捌斗

□□□□玖號水田叁畝壹角壹拾步叁赤坐落十二都

歸字西畈

□□□□肆拾玖號水田壹畝壹拾伍步叁赤貳寸坐

落十二都體字西畈

□□並係佃戶蔡從乙共上米肆碩肆斗

□□號水田壹畝叁角壹拾壹步

□□□□柒拾號水田貳坵共貳畝叁角伍拾貳步

□□□坐落十二都薛瀆佃戶戴曾乙共上米肆

碩肆斗

□□□□陸拾伍號水田叁畝貳角肆拾伍步坐落十

二都強頭村東浦港口岸佃戶張從二上米肆碩

□□□百陸拾貳號水田捌畝肆步坐落十二都蘆井
畈杜佃戸張萬十上米□碩捌斗
□□　號水田貳畝貳角坐落十二都東浦港
西岸佃戸史李乙上米貳□伍㪷
歸字肆百貳拾貳號水田壹畝叁拾陸步
體字肆百陸號水田壹角貳拾柒步
體字肆百壹拾伍號桑園地貳角壹拾伍步叁赤壹寸
叁項並坐落十二都後衕橋後佃戸張萬五共上
米貳碩貳㪷
邇字拾壹號水田肆畝叁角坐落十二都横港南岸佃
戸張萬三上米肆碩捌㪷

被字肆百拾捌肆百肆拾叁肆百肆拾玖肆百伍拾伍

共肆號扦出西邊水田壹拾畝坐落十三都管墅潘

安乙門首佃戶潘安乙上米柒碩伍斗

此項準　使府判送下潘安僧狀稱係已贖祖產本學

索到干照見得上項田段元有貳拾陸畝本學契照自

係西邊扦出拾畝不應以東邊已贖之傾影射西邊沒

官之產本學回申　使府續準　行下管業責祖其潘

安乙已就入祖契還祖訖

化字壹百肆號水田陸畝壹拾伍步坐落十三都張瀆

港東岸佃戶俞萬十四秀才當直莊曾二上米陸碩

此項嚴田職事申被俞必蕃佔匿佃戶移易上項田段

不容扦釘反將隨直弓手行打本學具申　使府續准

使牒將俞必番勘杖一百牒本學照契管業後拘俞

萬十四秀才當直莊曾二到學入契責租訖

食字陸百柒拾玖號水田扦出南向貳畝壹角肆拾壹

步坐落朱咸村佃户沈右乙上米貳碩貳斗伍升

此項扦釘後據沈良卿到學陳乞稱係已產索到砧基

點對係口偽造紙色新舊不同合縫處止有半印學廳

封印具申　使府續准　使牒口沈良卿勘杖壹百牒

本學照應管業後據沈右乙到學入契責租訖

萬字叁百玖拾壹號水田叁畝壹角貳拾柒步肆赤柒

寸坐落十四都娜兒墩佃户邵七乙上米貳碩貳斗

方字叁百壹拾肆號水田陸畝叁角伍拾叁步坐落十

四都中梅村佃户王百七上米貳碩玖㪷内叁畝零

給還張杞秘校訖

常字貳百壹拾柒號水田壹畝壹拾貳步

豈字叁百捌拾玖號水田壹畝伍拾貳步

兩項並坐落洋壞港佃户王萬三王從四共上米

壹碩捌㪷

常字伍拾肆號水田壹畝壹角伍拾壹步肆寸坐落十

口都嚴家港佃户嚴萬十二上米壹碩

養字貳拾肆號水田貳畝陸步貳赤叁寸坐落十五都

南莊佃户三從一三萬三上米壹碩玖㪷

溫泉西管鄉

作字壹千伍百柒拾柒號水田肆坵計貳畝貳角貳拾柒步坐落二十都石門村佃户丁千念乙張千十共上米壹碩柒斗

念字壹千伍拾捌壹千伍拾玖號水田叁坵計壹畝叁拾叁步坐落二十都滑衕口佃户丁九五上米柒斗

念字捌百拾捌捌百拾玖捌百貳拾號水田叁坵計壹角伍拾陸步坐落二十都塘下岡佃户丁季三上米叁斗

念字伍百拾叁伍百捌拾伍百捌拾壹伍百捌拾伍伍百玖拾貳伍百玖拾肆共陸號水田陸坵計壹畝壹

拾捌步坐落二十都高畈佃户丁季三丁季六上米

柒斗

作字　號水田壹畝貳角

作字伍百肆拾柒伍百肆拾捌號水田壹畝伍拾叁步

兩項並坐落二十都石門村佃户丁萬五男丁萬

十三共上米貳碩叁斗

念字捌百叁號熟地叁段計貳畝貳角坐落二十都柘

林佃户丁萬九上米肆斗

迎恩鄉

清字貳百柒號水田叁畝坐落廿六都長橋村南　家

潭茹曾三冢東佃户茹曾三上米叁碩

力字陸百貳拾肆號湖田貳畝叁拾肆步貳赤捌寸

力字柒百玖拾捌號湖田貳畝貳角叁拾捌步

臨字壹百叁拾叁號湖田壹畝貳角肆拾步

臨字捌拾玖號湖田貳角壹拾柒步

臨字柒拾肆號湖田貳角壹拾柒步

臨字捌拾貳號基地壹角壹拾捌步

陸項共坐落廿五都曹家畈佃户曹萬念九曹萬

三十二共上米肆碩捌斗

不字壹百玖拾捌號湖田壹畝貳角伍拾陸步肆赤貳

寸坐落廿七都不字圍畈佃户徐千二十上米壹碩

肆斗

承務鄉

止字　　號基地壹角

止字捌百肆拾柒號基地貳角叁拾步

兩項並坐落九七都李家葑佃户李九六共上米

陸斗

止字捌百叁拾陸號湖田貳畝貳角壹拾肆步坐落九

七都南池東岸佃户李九四上米貳碩叁斗

止字　　號湖田貳畝零坐落廿七都化壇後佃

户王小十四上米壹碩捌斗

思字　　號湖田陸畝零坐落廿七都李家葑佃｜

户李九六上米陸碩

止字貳百貳拾號湖田壹畝壹拾叁步
止字貳百貳拾陸號湖田叁角肆拾柒步
兩項並坐落李家漊佃戶李曾四何亢六共上米一
壹碩陸斗
止字壹千捌拾捌號湖田貳畝叁角伍拾玖步肆赤玖
寸坐落廿七都南池港佃戶周珪何萬十五上米壹
碩玖斗
定字壹千貳百拾伍號水田壹畝叁角壹步坐落廿九
都步路橋佃戶許萬二上米壹碩貳斗
無字陸百叁拾壹號湖田壹畝叁角壹拾捌步坐落三
十都凌家濡

無字叁百壹拾五號湖田貳畝坐落三十都揚家漚

兩項並係佃戶朱千四共上米貳碩陸斗

無字肆百玖拾貳號湖田壹畝叁角壹拾捌步叁赤柒

寸

無字肆百捌拾玖號湖田叁畝貳角叁拾伍步肆赤叁

寸

無字肆百捌拾肆號湖田貳角叁拾壹步

叁項並坐落三十都無字畈佃戶張元二張元三

共上米肆碩

無字壹千叁百伍拾柒號湖田貳畝壹角壹拾貳步坐

落三十都下牛路佃戶程百念二上米壹碩肆斗

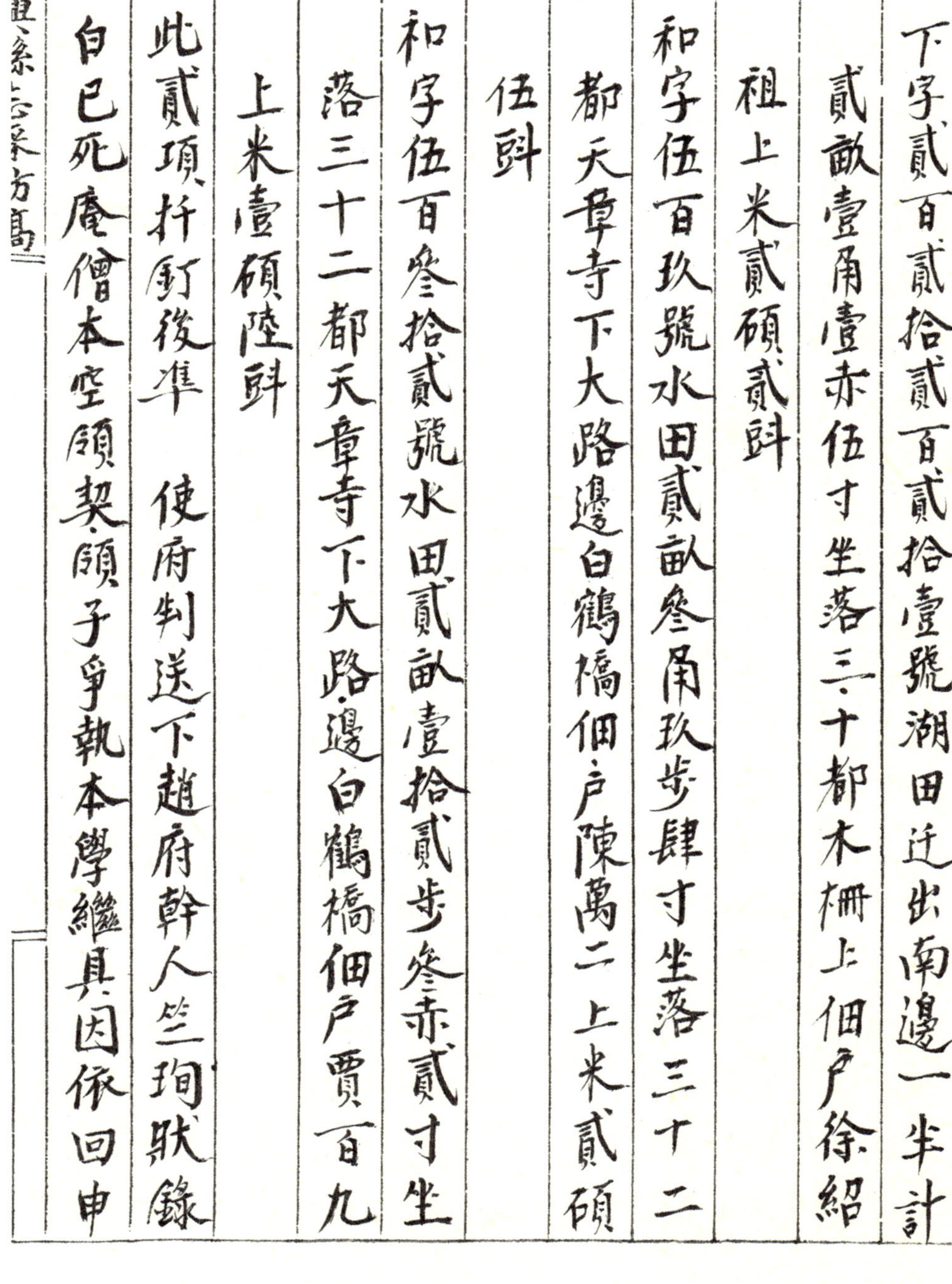

下字貳百貳拾貳百貳拾壹號湖田迂出南邊一半計
貳畝壹角壹赤伍寸坐落三十都木柵上佃户徐紹
祖上米貳碩貳㪷
和字伍百玖號水田貳畝叁角玖步肆寸坐落三十二
都天章寺下大路邊白鶴橋佃户陳萬二上米貳碩
伍㪷
和字伍百叁拾貳號水田貳畝壹拾貳步叁赤貳寸坐
落三十二都天章寺下大路邊白鶴橋佃户賈百九
上米壹碩陸㪷
此貳項扞釘後準　使府判送下趙府幹人竺珣狀録
白已死庵僧本空領契領子爭執本學繼具因依回申

奉　判府安撫李龍圖台判君子可欺以其方難罔以非其道學校乃君子肄業之地胡可罔哉據趙府詞幹竺珣之詞稱上項田兩項契照昨因庵僧本空關出縣案對證遂留俞押錄處其說似矣但俞伸之死已久趙府何爲不於生前取討俞汝賢之佔籍踰一年本學扞釘踰一月何不經官辨明所執以爲據者庵僧本空之一領既不經官印押本空又死將執從而憑信乎詳核田衆職所申如此殆難罔也官司雖欲曲爲祠幹之地其可乎世之習浮屠學者其徒廣廈而居安坐而食所業何務王公大人樂施喜捨動捐膏腴千百畝無所靳諸生皆誦習　孔子六藝之教聖人之徒也罪吏已籍

之業數能幾何官司不欲估賣撥付府學養士而姦民駔幹乃敢與罪吏陰爲表裏投托第宅百計圖占抑何尊異教而輕爲仁義者哉茲覩學申良用拂膺帖縣監尉引追亢佃賈百九陳萬二日下入契還祖牒學廳照亢契及見圻釘畝步管業者竺珣再敢阻障解上重作施行

映字口口拾壹號湖田壹畝壹角貳拾叁步見係填疊住基坐落廿七都鳴鳩許家庵西佃户王亢六上米捌斗

此項田亢係王亢六祖王三乙伯王萬　父王萬九填疊成地造屋居住并埋葬墳塋年深學司王晟造樂爲

王元六隱匿禍族彔（尋）未見繼鄰至人許華孫所生梅英知其隱匿經山陰縣入詞妄占王晟懼罪方為王元六經錢糧廳投狀口口湖田責祖上米續許梅英到學入詞稱王元六假借府學冒則田產本學牒發王元六下山陰縣理對并根究王晟造弊隱匿情罪勘杖罷逐處到許梅英所爭砧基點對係是王腥來戶四九映字壹千拾柒壹［闕十餘字］畝田職事親到地所看畝繳到保甲全萬［闕十餘字］填疊基地見是王元六在上居住係與地鄰［闕十餘字］基地同是映字柒百拾壹號分曉學司［闕十餘字］其許梅英強詞妄佔不已本學具申［闕］

都運李龍圖台判上項田產撥付府學［闕十餘字］府判北廳

嚴督會稽山陰兩縣疾速闕十餘字證當入契者驗入契限十日繳一切闕十餘字延請專人拘解本司重作施行仍闕十餘字後具因依申　府判北廳闕十餘字所言王友諒戶萬六湖田基地係映字柒百拾壹號許梅英所口口聖來戶四九湖田基地係映字壹阡壹拾捌等號戶名號數兩無干涉本學所申極爲分曉許梅英閭官司以非其道乃欲以庵東籬內見生業之砧基影賴庵西籬外新沒官之吏產豈理也哉大抵產業全憑契照今本學繳到千照色色端正上項田地既有王萬六湖田自陳簿爲可憑又有地鄰萬百五同字號千照爲可證不待委官已知王萬口之住基爲俞汝賢沒官產明矣推原其

由始因學吏作弊藏匿此號欲爲賣弄之地遂致許梅英得以乘隙起此不根之訟然王元六若不賣出王萬六王萬九寶祐元年經倉臺訴許梅英索砧基一宗縣案則許梅英妄訟之田亦無自而知今詳縣案許梅英曩曾誣賴王萬九甚字號湖田官司不直梅英未幾王萬九有執留砧基之詐許梅英兩責狀在案謂不曾執留王萬九祖上砧基向後如敢佔賴王萬九別項產業一聽官司究斷欺騙情罪即此一項而觀則是除甚字號湖田之外王萬九別無產業與許氏交易不知許梅英今日之訟何所據而然耶切詳王萬九當來詞訴正以其住屋基地適與許梅英所居之庵並鄰恐其它日

以所執不還之砧基圖而取之也故急於執據以自安已而又以其地屬之俞汝賢俞山陰吏胥也王萬九惟恐鳩居其巢未必不借俞汝賢爲自衛之計豈料俞汝賢之籍没也哉王九六不甘基產之歸學囑都保囑學吏但欲爲矇官之地初不知許梅英垂涎已久反得因此以行賴官田之謀也許梅英雖一婦人素來嚚訟王許兩家且爲世讎遂乘此欲奪其廬以快疇昔之志又不知佔賴官田之自戾于罪也今此項基地王萬六實祐六年自陳歷歷可攷向使王萬六王萬九兄弟果是坐佔年久許梅英不於其自陳之時出官陳告都旋於今日將别項砧基妄行影射何耶如必欲以王友諒之

產爲王聖來之產不知王萬𡊨王萬九之若祖若父及其子王元六居此且數世矣其在許庵藩籬之外又不知其幾年矣許梅英之主許二官人在日何無一詞許其坐佔直待許梅英今日而後訴耶况此地若果坐佔則王元六曾葬人於其上當爲盜葬許梅英不訴於王元六盜葬之時乃訴於府學扦釘之日其爲誣罔甚矣兼府學繳到都保挨排自陳草冊所載許家庵西至王元六王元六東至許家庵使果有曲折許梅英自可於此時爭執矣今辭窮理屈輒指它處之柒百拾壹號以爲沒官湖田不思俞汝賢之田正係塡疊基地係坐落嗚嶋爲佃户者且情願入契矣許梅英尚復何辭止緣

官司向來但毀抹許梅英之僞契不曾明正許梅英之罪名由此健訟不已若更縱其挾已出幼之子騙賴田產置而不問典憲何在拖照許梅英舊曾爭狀在案有向後不敢佔賴王元九別項產業違聽官司究斷欺騙情罪之語今又不悛恐難倖免許梅英勘杖一百封案再詞拆斷所有王元六基地牒府學一面照契管業如王元六仍前瞞減官租併當重斷申 都運使臺照會仍申諸司具許梅英又經 使府黜許 使府下僉廳點對準 使府牒本學錢糧官索兩家干照從公點對明申續奉 使府將許梅英拆案勘杖一百未及引斷其許梅英竟行逃竄 使府監廂典根追據押到其婢

福奴并教唆安歇人余四二寄禁府院監追許梅英正身未到間其許梅英經將小學田產盡獻　安邊使所（安邊所牒行下本學令具因依本學方準回申[illegible]）忽準　使府牒備　安（使）府於禹跡寺僧房內追出許梅英正身并教唆人余四二送府院根勘情節續　使府牒備到許梅英招伏詞款獄官書擬許梅英以庵東籬內見管業之砧基影射庵西籬外新沒官之吏產前後官司燭破姦膽屢行定斷始爲北廳府判看詳反覆辯明凡數百言極其詳盡所有僞契向來官司既已毀抹但未曾科罪府判寬恕止從勘杖封案爲梅英者幸免受杖亦可止矣乃敢又經府飜訴再送周帥尊廳點對又再考究事原申明北廳府判所擬又極明白梅英姦

詐之情既不可掩折案引斷夫豈爲過梅英逃罪走逸
尚云可也乃敢輒經　刑部妄詞又經　安邊所獻産
告只將所爭之産投獻尚可也乃敢併俞汝賢金戶没
官贍學之產盡行投獻委爲無理今已供招在前騙詐
學田之罪小不有帥府之罪大自合編置以警其餘帥
府寬容更與從恕欲且照周帥幹已擬將許梅英折案
勘杖一百再敢嚚訟不已却與重作施行仍牒府學照
契管業余四二乃府城譁徒爲許梅英羽翼前後誣妄
越詐皆其嗾使不欲盡情根究欲且從輕勘杖六十放
奔　安撫集撰揚侍郎台判許梅英不伏官司所斷潛
地逃遁又敢妄狀將學田投獻尤爲可怪今來追到合

與編置以警譁徒姑從輕典並照僉廳所擬行本學再
具因依申　都運提學使臺奉
都運祕撰李大卿台判越爲今南陽學校視昔尤盛
宸翰昭回冠冕東州惟　先朝碩輔杜晏韓富司馬諸
賢皆有後于是邦而貧無以教教授陳廸功景行建請
置小學弟子員擇儀狀之端正者得數十人聚而教之
而無所乎廩適山陰縣吏俞汝賢得罪即第簿錄其家
而田歸于郡郡不有其有撥以肄學小子有造於是乎
賴亦既代石鐫記矣實今　國史　宮庶左史留公爲
之屬筆自謂可與此學可以相爲無窮不料縣民許氏
蕩婢梅英者恃其頑訟乃將其雇主祖上無干預之砧

基妄亂占認前後官司察其口口處斷瞭然彼不自知罪乃敢埋頭投獻 安邊使所使其止獻所爭之產猶云可也乃併俞闕數字沒官贍學之業盡行投獻不知於許氏何關耶君子可欺以其方難罔以非其道若闕數字詞可謂罔非其道矣 使所未詳其故是以行下諸司審究今本學既已具申而口闕數字司又各備所斷因依回申 使所決不聽一潑婦無稽之言而廢闕數字教養已成之規許梅其取非其有上罔 天臺而縣吏俞汝賢因罪被籍又豈應陰闕數字以與學校為敵此風甚不宜長其田實當職守越時所口今茲將漕得闕一之賜案備本學闕三十餘字提刑司委官嚴闕二十餘字出行

紹興縣志採訪稿

魚鱗圖冊帖委紹興府比較趙迪功闕（缺字）二十、名鳴嶋許家庵側王元六所居屋基地上喚集保闕（缺字）十、鱗圖再逐一比證責供剖析事情見得梅英之不口口口口云云

僉廳點對口奉

權提刑知府安撫祕撰季大卿書判學田自係映字柒百壹拾壹號許氏業自係映字口口壹拾柒號何相關學田在庵西籬外許氏業自在庵東籬內何相混近年湖田不憑自陳簿口證許梅英昨在官供責謂不曾有今忽賫庵內自陳簿來何從得且自陳簿內謂不曾有映字柒百壹拾壹號是許氏元無此業也今又安得而妄占耶許庵自陳簿四至曰西至王萬六田口云西至

王萬六田則許庵在王萬六田之東王萬六田在許庵之西明矣今又安得指東作西耶向但以未經委官地所指定打量爲辭今趙比較親到地所指定矣打量矣又何說學校乃禮義所自出之地無緣以不曾没官之產利寸地撮租之入以與奴婢下人角勝負許梅英亦豈應以一潑婢而乃不顧非理出爲辯强以與學校爲敵可謂無忌憚甚矣今茲所委官指定既詳僉廳所點口尤明覽之者曲直是非不待辯而知本府何容贅辭但許梅英勘杖編管雖當其罪猶曰爲其主也可與封案余四二挾潑婢以抗學宫違教唆以紊官府是烏可亦與封案勘杖壹百編管鄰州少爲事不干己教唆把

持者之戒仍申 安邊所照應本司已將許梅英勘杖
編管責狀·封案及將余四二照斷編管台州所有元案
本學已申 使府備給公據訖茲不盡載
容字貳百貳拾號湖田叁角叁拾捌步叁寸
映字玖百柒拾壹號湖田壹畝叁角貳拾步
容字叁百肆拾肆號湖田壹畝貳角貳拾肆步兩項並
坐落廿七都鳴鳩佃户金九二共上米貳碩柒㪷
映字壹千肆拾貳號湖田壹畝壹角肆拾叁步貳赤伍
寸
映字壹千叁拾壹號湖田壹角叁拾貳步兩項並坐落
廿七都鳴鳩佃户金千念二上米壹碩

旌善鄉

隨字肆百捌拾貳號水田肆畝壹角壹拾陸步迁出東

邊貳畝壹角壹拾陸步坐落三十三都湖漊井佃户一

趙曾三倪慶二倪九乙共上米貳碩捌㪷

入字壹百貳拾肆號水田叁畝貳角叁拾貳步坐落三

十三都瓜田佃户陳曾三上米壹碩伍㪷

受字壹百柒拾號水田貳畝壹角伍寸坐落三十三都

黄家池佃户沈文乙上米壹碩

新安鄉

遂字　　號水田壹畝貳拾步坐落三十九都江

塘佃户孫千七上米陸碩

疲字叁百伍拾陸號水田叁畝

疲字叁百肆拾貳號水田壹畝貳角貳拾陸步

疲字叁百肆拾叁號水田壹畝壹角叁拾貳步

叁項並坐落三十九都江塘佃户孫千七揚六乙

共上米肆碩柒斗

滿字叁百叁拾肆叁百叁拾叁號水田貳坵計貳畝壹角壹拾壹步

滿字陸百肆拾叁號水田貳畝壹角兩項並坐落三十九都唐家橋佃户[闕]

疲字伍百柒拾貳號水田貳畝坐落三十九都江塘佃户揚六乙上米壹碩[闕]

守字陸拾叁號水田貳畝貳角貳拾叁步坐落三十九

都江塘佃戶傅亜字闕六斗

疲字　號水田貳畝坐落三十九都江塘佃戶朱

百十乙上米壹碩陸斗

疲字　號水田壹畝壹拾貳步坐落三十九都江

塘佃戶朱百九上米捌斗伍升

疲字叁百肆號水田壹畝貳角壹拾伍步坐落三十九

都江塘佃戶朱十七上米壹碩貳斗

安昌鄉

帳字伍百玖拾捌號水田壹畝壹拾肆步

帳字伍百玖拾柒號水田貳角

帳字陸百叁號水田壹角伍拾陸步

對字貳百貳拾肆號水田壹畝肆項，並坐落四十四都

湯𡽹佃户袁九七上米捌㪷

瑟寺　號水田貳坵共伍畝零坐落四十四都

馬鞍寺後佃户徐敬之上米貳碩叁㪷

内字壹千叁百號水田貳畝拾叁步坐落四十四都

佃户談増五上米

清風鄉

鐘字壹千壹百伍拾陸壹千壹百伍拾柒號水田壹角

陸步佃户李成三上米壹㪷

聚字肆百伍拾捌號基地并園地貳段共壹畝肆拾叁

步貳赤見開作田生落四十七都　佃戶

孫貴五上米

越學職事六員例以貢士充其選此一定不易之良規也
景行口以菲材預聞學校之事規矩必繇正錄錢糧必繇
直學糾彈專糾正之責而出納之吝司計實司之體統正
而綱記立刻削蠹弊漸見條理而任此六職者又貢士之
賢且能者也　大帥厚齋李先生撥山陰縣吏俞汝賢檢
籍之產以贍小學奸胥與頑佃爲道地紛紛有詞據契要
以覈其實非得明敏廉勤之士莫能辦糾彈王多吉司計
朱發學諭朱遜伯躬行阡陌窮冬沍寒不避艱阻攈正誼
以杜私謁考覈悉出於公而學正劉瑞祖學錄任發直學

劉瑞麟王應灃則一以公議裁定之得湖田水田并地二百三畝有奇其所以欽承　賢師帥扶植小學之美意亦三子之功口多　景行既紀其事復刻諸碑陰以垂不朽

按宋史職官志國子監小學置職事教諭二人掌訓導及考校責罰學長二人掌序齒位糾不如儀者外郡既仿京師建置小學亦必依其規制別設師儒故記有延禮教諭之語而學諭朱遜伯所以不在職事六員內也史忠定浩置義廩田二千餘畝在乾道戊子歲至是又增田二百餘畝以贍小學想見宋時賢牧守造士之盛其是年知府事者爲李鏞字季韶龍泉人嘉泰二年進士厚齋蓋其別號寶慶志載鏞於

紹興縣志採訪稿

景定三年十二月擢兩浙轉運副使以去碑陰所稱都運祕撰季大卿者即鏞也所稱安撫集撰楊侍郎者名瑱以集英殿修撰知府事即代季爲守者也碑乃通判方某所書乾隆府志因其漫漶不加細審遂以通判爲留夢炎補入職官郡佐門且以記稱鏞爲大帥者辨爲太師皆屬謬誤景行字行之青田人寶祐四年進士夢炎字漢輔衢州人官至丞相降於元爲翰林學士承旨碑中署名二字與上下筆法不類當是親書者至碑陰載季守判語有曰代石鐫記實今國史宮庶左史留公爲之屬筆留即夢炎似景行此記乃留所代撰者抑留別自有記而碑不存歟判

語又有曰先朝碩輔杜晏韓富司馬皆有後於是邦攷先祁國正獻公葬宋城追孫曾輩南渡來浙或歸紹興或寓松江今兩派為最盛韓氏則資政殿學士肖胄兄弟富氏則端明殿學士直柔司馬氏則吏部侍郎伋俱先後定居於越見於紀載惟晏之後無聞云

南宋傳忠廣孝寺碑碑高一丈四尺廣七尺二寸額篆書碑陽文徑六寸碑額皇帝御書四字二行

大字二行字正書徑三尺居中小字一行徑二寸

度宗御書　咸淳四年立在會稽雲門廣孝寺

傳忠廣

孝之寺

御書之寶

賜傳忠廣孝寺

按寺本名雲門唐改拯迷宋改淳化元虞集雲門寺記云咸淳中宋且亡廣勤居之勢家奏爲墳寺更曰傳忠廣孝之寺據此則寺碑乃度宗所書而明以來郡邑志俱以爲高宗所書但高宗果有改額書碑之事嘉泰志何以不詳而仍稱淳化乎蓋紹興十八年咸淳四年皆歲在戊辰因而致誤當以虞記所載爲

得其實惟廣勤乃紹興間僧即陸務觀爲作灊亭記者此則虞記之疏外也又方以智物理小識載陸游曰雲門山有宋高宗硃書傳忠廣孝之寺每雨硃流而紅不加減不知何故余檢放翁筆記並無此條殆方氏誤記即如所言亦俗僧後上所賜以硃塗之其風至今不改此獨神其說以誑衆耳

南宋呂崇簡等題名刻高三尺廣一尺一寸四行行八字正書徑一寸二分

年月無攷在會稽宛委山飛來石摩崖

壬申年季春郡府修
夏祀於南鎮奉禮郎
呂崇簡□省校讎陳
後闕

按有宋一代遇壬申者凡五一太祖開寶五年一哲宗元祐七年一高宗紹興二十二年一寧宗嘉定五年一度宗咸淳八年太祖時吳越未入版圖且此段刻在元祐朱士美等題名字上非開寶可知然與朱士美等若相隔僅閱數年不應便加磨毀則亦非元

祐矣況既稱郡府當在紹興升府之後雖州額向書
越州大都督府似可通稱終以南渡後爲得其實至
高寧度三朝亦難臆定今置道於宋末宋史禮志以立
夏日祀南鎭會稽山是年立夏尚在三月故云季春
修夏祀也

南宋趙與陞題名。刻高一尺九寸一行隸書徑二寸五分

無年月刻於會稽禹陵窆石

會稽令趙與陞來遊男孟握侍

按與陞嘉興人寶慶二年進士孟握紹定二年進士俱見嘉興府志攷宋史宗室世系表與陞爲燕王德昭九世孫也

南宋小隱山題字前刻高一尺廣二尺七寸横列正書徑七寸五分後刻高二尺二寸一行行書徑一尺

無年月在山陰小隱山摩崖

小隱山

支雲

按二刻無書者名氏及摹刻歲月但是山摩崖無元人遺蹟明人間有鐫鑿字皆拙劣兩種筆法頗佳其爲宋人所書無疑也

南宋寶山題字刻高一尺四寸廣三尺六寸橫列隸書徑一尺六寸

無年月在會稽寶山摩崖

松壑

按此刻無年月名氏但寶山宋代攢宮所在入明已爲禁地其非明人鐫鑿可知攷宋陳世崇隨隱漫錄松壑乃宋遺民吳大有別號大有字有大嵊人寶祐間入太學升上舍以詞賦有聲率諸生上書言賈似道姦狀不報遂退處林泉與林昉仇遠白珽等七人以詩酒相娛時比竹林七賢宋亡後元初辟爲國子檢閱不赴泰定間卒年八十四見府縣志隱逸傳迹其文章意氣亦好事者流二字當爲所題無疑也

南宋朱子書二碑前碑高九尺六寸廣三尺二寸正書徑一尺八寸款行書徑三寸後碑高九尺二寸廣三尺二寸正書徑二尺款行書徑二寸五分

無年月在府治山陰城隍廟

天風海濤

晦翁

與造物游

晦翁書

按孫氏寰宇訪碑錄二種福建俱有石刻天風海濤在閩縣與造物游在龍溪又與造物游四字紹興府署松風閣亦有摩崖高二尺七寸廣八尺六寸橫列行楷大小俱與此同皆無建立年月觀其石質當係明代之物今以宋大儒所書姑附錄焉

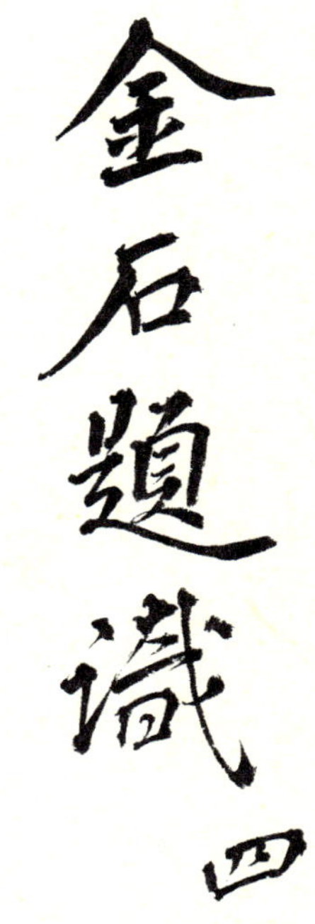

金石題識四

目録　金石題識

紹興縣志採訪稿

李侗題名

紹興路學重脩大成殿記

紹興路重修儒學記

至大報恩接待寺記

孔子像并世系圖

紹興路修學殘碑

南鎮廟置田記

顯寧廟碑

會稽儒學重建大成殿記

代祀南鎮記

南鎮代祀記

南鎮代祀記

南鎮代祀記

朱太守廟記

銅井龍祠碑記

元北市橋闌題字刻二方一三字高一尺廣三尺五寸正書徑八寸一九字高一尺廣八尺五寸徑七寸俱橫列

至元二十四年五月立在府治火珠巷北市橋

北市橋

至元丁亥年仲夏重脩

按橋卑小不載於郡邑志攷寶慶續志坊巷門第四廂有北市以元越城圖證之自水澄橋而上爲北市自蕙蘭橋而下爲南市二市當郡城適中處今此橋東出數十武即爲宋北市之故址橋之得名蓋由是歟

紹興縣志採訪稿

紹興縣志採訪稿

免秀才差役聖旨碑高八尺一寸廣三尺六寸額篆書皇帝聖旨四字二行徑五寸碑分二列上列蒙古國書九行行字不等徑六分左行下列漢字八行行二十字正書徑一寸三分

至元二十五年十一月立在紹興府學

寶

長生天氣力裏
大福蔭護助裏
皇帝聖旨據尚書省奏江淮等處秀才乞免雜泛差
役事准奏今後在籍秀才做買賣納商稅種
田納地稅其餘一切雜泛差役並行蠲免所
在官司常切存恤仍禁約使臣人等毋得於
廟學安下非理騷擾准此
至元二十五年十一月　日
阮元兩浙金石志世傳元季待士最薄至有九儒十丐之目讀此碑知其爲不然當時諸學皆有今所傳惟此耳

紹興縣志采訪稿

按廟學典禮至元二十四年閏二月尚書省已奏請江南新附去處在籍儒户除納地税商税外一切差徭並行蠲免咨仰行省欽依施行至是年八月十八日又復奏請故有此旨蓋恐有司奉行不力必欲特須明詔以重其事爾碑上列爲蒙古字皆就漢字對音書之（至元三十一年詔書亦同）

紹興縣志採訪

元重建紹興廟學圖碑高八尺三寸廣四尺二寸額楷書重建紹興廟學之圖八字四行徑五寸

無年月在紹興府學

碑陰正書　刻重定學式　至元三十年十月立

環碧　教授東廳　街

芳潤　義廩　養蒙齋　達道齋　客次　公廚

賓序　東行廊　祭器庫　席珍齋

書庫　登賢齋

陳　從祠廊　從

井

宣慰祠　從祀廊　祀夾廊　泮池掌儀王錄　采芹

稽明大

古倫成　大成之門　學門　泮橋

閣堂殿　欞星門

學前空地并田

紹興縣志採訪稿

吳 從

監 從祀 舊職

簿 祠 夾 泮池直學

祠 廊 廊

先賢祠 從祀廊

直舍 西行廊 浴室

由義齋

育德齋

教授廳 觀善齋 知性齋 公廩 衙

碑陰高八尺九寸廣四尺二寸分五列第一二列俱三十六行三列二十九行俱行十八字四列二十五行五列二十八行六列十九行又年月題名三行行字俱不等正書徑一寸

至元壬辰重定學式

春秋釋奠

國家之中祀學校之重事儀文久漸慢弛今自散齋執事者會掌儀所以行事前二日習儀前一日滌濯陳設是夕遂宿齋諸

儒生莅集于學戒樂得群飲獻官及陪
位官以子時畢至質明行禮執事者各
弁服佩舄如儀儒生各深衣巾履以齒
班立于大成殿下小學生居後贊者引
獻官立褥位執禮者與糾彈先再拜升
階東西立唱闢户請初獻官視陳設復
位次唱獻官以下皆拜鞠躬拜興拜興
平身俱以聲畫爲節次唱執事者各祗
乃事祝升自西階餘自阼階贊者引初
獻官行禮詣盥洗爵洗所升階詣酌尊
所酌犧尊之泛齊詣

先聖先師前再拜焚香進幣奠幣進爵奠爵讀祝奠版俛伏興再拜配位亦如之復位（立久跛倚敬心懈怠故免初獻再升降）引亞獻終獻詣酌尊所酌象尊之醴齊詣先聖先師前尊爵拜興如初禮次獻從祀俱以諸司存官爲之執禮者唱初獻官詣東序飲福受胙次唱執事者各復位飲福受胙者不拜餘皆再拜拜興如前儀祝升與司幣至瘞次唱闔戶禮畢出廟門外獻官以下與執事者相向序立中庭諸儒生環立廡外圓揖退

禮成飲酒

祭餘徹牲物屬庖人治饌餘事司官主

之設席明倫堂日午獻官及諸司存官

儒司儒學官正錄邑至鄉之有齒德者

預茲席大官從擬僕隸二人餘各一人

上司預爲約束必令整肅使路司縣之

習爲吏者雁行立行酒執炙一人唱而

進退之諸齋各分給胙肉酒米長諭選

集正自治觴豆以成禮

旦望殿謁

黎明諸生深衣入學聞鼓班立殿下執

事者東向立贊者請行禮班首就褥位
執禮者與掌儀先再拜升階東西立唱
鞠躬拜興拜興平身俱以聲盡爲節次
唱執事者各祗乃事贊者引班首詣盥
洗爵洗所升階詣酌尊所實酒詣
先聖前跪焚香進爵三祭酒俛伏興復
位執禮者唱執事者各復位鞠躬拜興
如前儀禮畢殿下東西立圓揖退

旦望講書

殿謁退升明倫堂諸司存官與鄉之有
齒德者列坐諸生從其後大小學生班

立推一人唱揖平身鳴鼓請講書朔旦教授升講座望日正録輪講别位于座之西口演經旨不用講義文字講畢大小學生籤講所習四書命題課口義及詩對定其優劣以示激厲

大小學

初侍郎季公鏞帥越日田若地二百餘畝隸于學教育小學生員時侍郎陳公景行典教實主其事迨今三十餘李名存實廢儒家之子弟或制於力棄而他習至元辛卯

廉訪分司命復設養蒙齋於東廡俾儒人及凡民之俊秀八歲以上入小學給早晚饍選才堪模範者二人教之月廩各米壹石來學者具束脩貧不能致者勿強日講授朱文公集註四書小學書等成誦覆說課以口義詩對書用顔字爲灋正錄吕時程試而察其勤惰季十五以上者入大學即觀善齋請正錄一人日講授四書諸經史課以講義經賦所業小學生季及學進者升大學學無成而不率教者罰甚者黜進德脩業者

視其優劣而表勸之

行供

旦望諸儒生會食于學餘日教授正錄諸齋長諭及諸儒生李老或家貧與無依倚者升堂會食大小學生于各齋長諭先涖書姓名而正錄時糾其冒濫日輪儒生二人各於所隸齋溫習故書其齒德尊於鄉者勿勞以筋力月廩給之

客供

遠方士友及游學者亦升堂會食館以齋房寢息之具時加點檢既不限其來

而有故遲留及貧未有依歸者去住亦

從其便

錢穀出納

錢穀會計直學掌之教授及正錄同署

文麻前是弊倖者租入之折納田額之

減落今漸釐正遇公支則直學擬議正

錄點對教授署支使無得以私意出納

每月課

孟月課經賦仲月課論季月課史評務

欲近古革時文之流弊諸齋長諭程督

課冊納正錄然後教授考校合格姓名

揭示以其所課登諸冊

春秋諸邑會課

所屬凡八縣縣學各有月課路學於春秋二季以經賦命題下各縣學合衆長而拔其尤凡在籍儒生以時納課縣學繳申路學教授與正錄分校優劣取放合格姓名下縣學揭示抄其前列者申上司以備采擇

諸儒協助起造

大成殿

塑像 臺座 細蓋 甎壁 甃砌

窗戶 朱漆 丹青 遮暘

儀門（已下空格碑俱提行） 講堂 稽古閣 從祀左廊 從祀右廊 從祀東廊 從祀西廊 左夾廊 右夾廊 左過廊 右過廊 講堂左廊 賓序 書板庫 達道齋 知性齋 觀善齋 登賢齋 由義齋 席珍齋 育德齋 養蒙齋（本學裝折地板工 書案）

本學起造

學門三間（朱門六扇 丹青 細蓋 護靜 甎壁 門環 灰漆）

學門左右廊二間

采芹亭（細蓋 丹青 油飾 甃砌）

櫺星門（已下空格碑俱提行） 側門 東西兩牌軒 公廩十

三間　公廚九間　祠堂五間　直舍四間　講堂

右廊八間　講堂左廊一間　從祀東夾廊一間

從祀西廊一間　閣前廊六間　芳潤亭　廊下左

右地面甎石甃砌　井亭　湢　繫馬屋　泮橋

右壇墻　櫺星門墻　射圃墻　學墻周圍　河岸

右砌

教授廳

教授東廳

義田廩

從祀廊

畫像　簾　遮陽　甎砌地面　闌干

祭器 新添

陶器

簠四十 簋四十

象尊四 大尊四 壺尊九 犧尊四

山尊五 著尊四 罍洗壺盤各一

竹器

籩五十 篚十二

木器

俎五十朱漆 燭臺六十四 滌器桶二

祭服冠履 新添

冠十 簪十

衣六 裳六

蔽膝六 銅佩十二貫以玉珠

圭六 革舃十七緉

舊佩新珠貫

器用　新置

堂上長卓十隻　長凳十隻

廊燈三十　掛燈新添十　絹衣

至元癸巳良月教授金楙立石命工刊時

正錄陳震可周鱗昇杜自昭

直學夏君賚王賡

按是圖不著年月韓明善重修大成殿記有云至元壬辰撤而新之今碑陰實刻壬辰學式則爲至元二十九年所建也陳宣慰名祐至元初殉寇難於新昌吳監簿名孜胡安定瑗弟子宋嘉祐間捨宅爲學後學中立祠至今春秋祀之王梅溪題其祠曰右軍宅

化空王寺祕監家爲羽士宫惟有先生舊池館春風長在杏壇中郎謂此也教授金楙正錄陳震可周鱗昇杜自昭乾隆府志俱未載

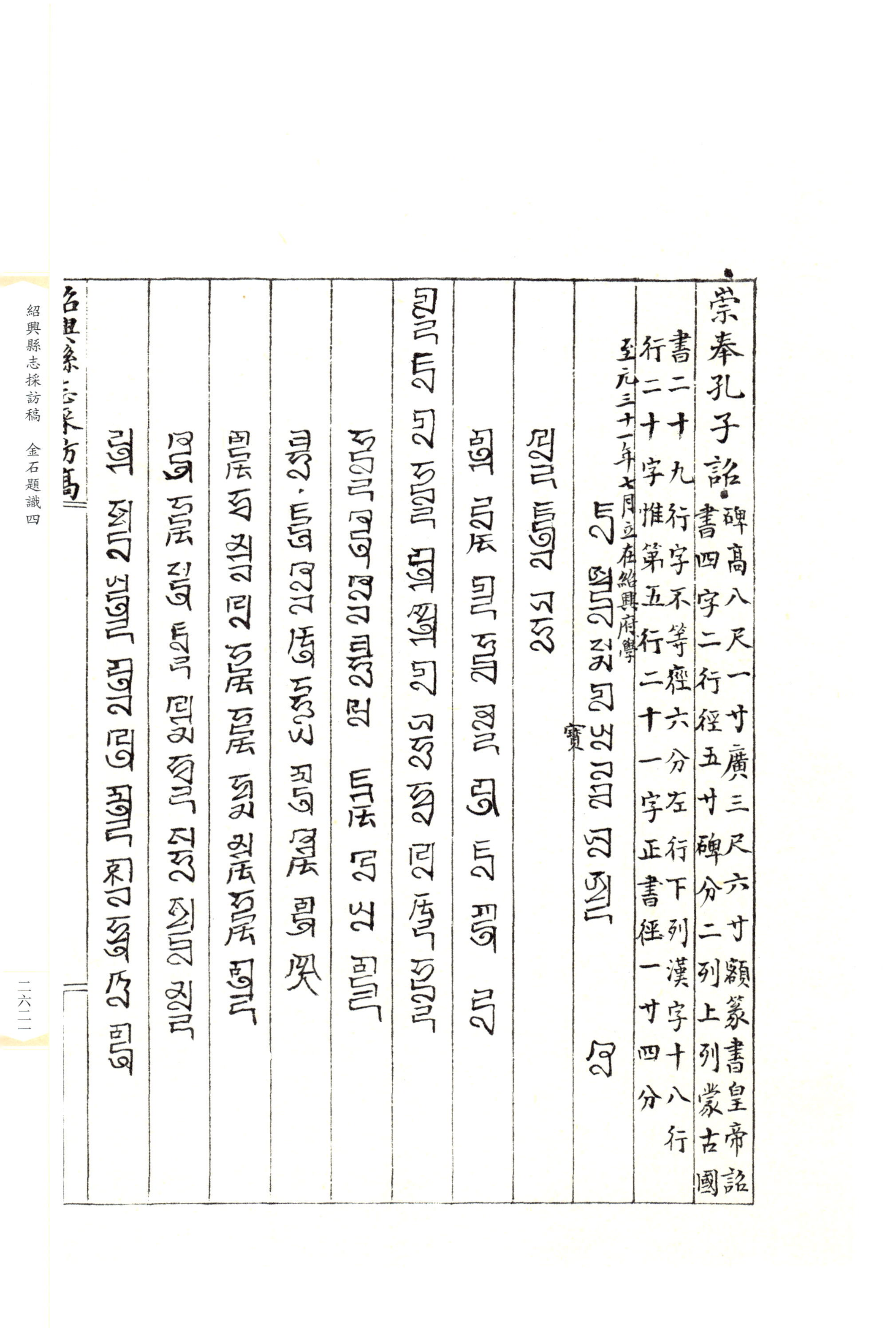

崇奉孔子詔　碑高八尺一寸廣三尺六寸額篆書皇帝詔書四字二行徑五寸碑分二列上列蒙古國書二十九行字不等徑六分左行下列漢字十八行行二十字惟第五行二十一字正書徑一寸四分

至元三十一年七月立在紹興府學

寶

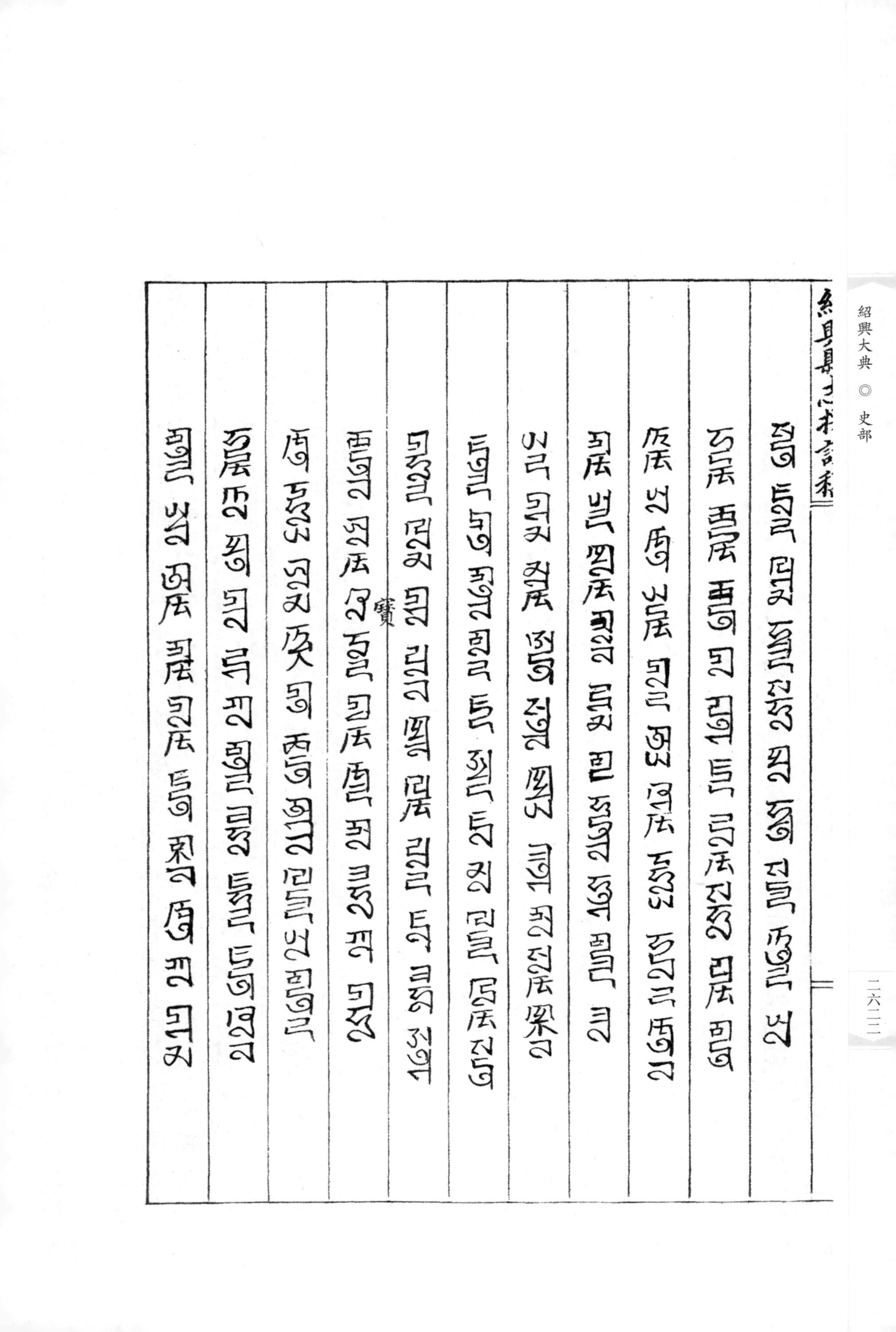

寶

上天眷命

皇帝聖旨諭中外百司官吏人等孔子之道垂憲萬

世有國家者所當崇奉曲阜林廟上都大都

諸路府州縣邑應設廟學書院照依

世祖皇帝聖旨禁約諸官員使臣軍馬毋得於内安下

或聚集理問詞訟褻瀆飲宴工役造作收貯

官物其贍學地土產業及貢士莊諸人毋得

侵奪所出錢糧以供春秋二丁朔望祭祀及

師生廩饍貧寒老病之士為衆所尊敬者月

支米糧優䘏養贍廟宇損壞隨即修完作養

後進嚴加訓誨講習道藝務要成材若德行

文學超出時輩者有司保舉肅政廉訪司體

覆相同以備選用本路總管府提舉儒學肅

政廉訪司宣明教化勉勵學校凡廟學公事
諸人毋得沮擾據合行儒人事理照依已降
聖旨施行彼或恃此非理妄行國有常憲寧不知懼
宜令准此
至元三十一年七月　日
按元史成宗本紀至元三十一年七月壬戌詔中外
崇奉孔子史不載其文即此詔也元典章及廟學典
禮二書俱載之

紹興縣志採訪稿

加封五鎮詔碑高六尺廣三尺一寸額篆書皇帝詔書四字二行徑四寸詔十行行二十二字正書徑一寸五分大德二年二月立在會稽南鎮廟　碑陰正書　刻郡職也先帖木耳兒等記

上天眷命

皇帝聖旨三代以降九州皆有鎮山所以阜民生安地德

也五嶽四瀆

先朝已嘗加封唯五鎮之祀未舉殆非敬恭明神之義其

加東鎮沂山為元德東安王南鎮會稽山為昭

德順應王西鎮吳山為成德永靖王北鎮醫巫

閭山為貞德廣寧王中鎮霍山為崇德應靈王

仍勑有司歲時與嶽瀆同祀著為定式故兹詔

示想宜知悉

大德二年二月　日

碑陰高五尺八寸廣二尺八寸二十一
行行四十字正書徑一寸二分

會稽寔維神禹會侯計功之地周職方氏列于鎮山
之一南方諸山雖大且衆莫敢與等夷隋開皇間即
山創廟歲以迎氣日一祭唐始封永興公宋進封王
爵載在祀典有自來矣洪惟
聖朝受天
天景命咸秩百神嶽瀆以序並膺顯號迺大德二年春二
月
詔有司復修五鎮之祀於是南鎮會稽山加封爲昭德順
應王歲時與嶽瀆同祀著爲定式

特命

御位下必闍赤扎刺兒那　朝列大夫御史臺治書侍御

史冀德方馳驛

須賚

御香貯以白金香奩

申錫寶旛用昭

殊寵仍給楮券以勞灑掃祠下者三月癸丑欽奉

詔旨行事而奉直大夫江浙等處行中書省左右司員外

郎喬簣成以終獻相明祀文武僚吏駿奔在列牲酒

豐潔籩豆孔嘉禮肅樂和神用顧享也先帖木耳等

叨分郡寄幸預

盛典嘉興邦人士若民鼓舞
綸音之下豈特山川草木衣被
昭回之光而已敢拜手稽首奉
詔書刻諸堅珉以對揚
聖天子之明命而紀其事於碑陰云承務郎紹興路總管府推官傅汝霖承直郎紹興路總管府判官馬良奉議大夫紹興路總管府治中朱端義奉議大夫同知紹興路總管府事沙不丁通議大夫紹興路總管兼管内勸農事忽哥兒昭勇大將軍紹興路總管府達魯花赤兼管内勸農事也先帖木兒謹記

按元文類載此詔係王構代言其文不同則此乃初

降之旨未經儒臣潤色者南鎮自唐天寶中始封永興公宋政和三年封永濟王金明昌間亦封永興王遥祭於河南府元時嶽鎮海瀆代祀分五道每道遣使二人集賢院奏遣漢官翰林院奏遣蒙古官出璽書給驛以行此當時定制也必闍赤乃掾史之流元史百官志中書省斷事官定置御位下及諸王位下共四十一員其吏屬有必闍赤二人此云御位下者蓋御位下斷事官之必闍赤也選舉志載中書省必闍赤例得正從五品遷除而是時治書侍御史官止從五大德十一年陞爲正二品必闍赤雖掾屬其出身亦與治書相埒且係蒙古故同奉使不爲嫌也總管忽哥兒乾隆府志作忽計

兒誤

宣慰陳公祠堂記

碑高七尺五寸，廣三尺八寸。額篆書「故宣慰節齋陳公祠堂記」十字，五行，徑三寸八分。記二十四行，行四十五字，正書，徑一寸。俞浙撰，臧夢解書，李仁篆蓋。大德四年八月立，在府學。刻於宋元祐中朱儲斗門記碑陰。

故宣慰節齋陳公祠堂記

前進士俞浙譔

奉議大夫江西湖東道肅政廉訪副使臧夢解書

承直郎江南諸道行御史臺監察御史門人李仁篆蓋

評論人物之道不當但校其事而當洞察其心心何有哉仁是也仁何物哉公理是也人惟公理存心則理重於我以我殉理雖易生而死可也一或私意間之則我重於理以理殉我雖三綱淪九法斁弗顧也

昔夫子稱殷有三仁而不輕以仁許令尹子文及陳文子者正指其心之所在也三仁生死不同而心同於爲殷我無與焉故曰仁彼子文心乎楚而不心乎中國無王也文子心乎身而不心乎君無上也天下寧有無王無上之人而得謂之仁乎哉由是推之故宣慰使陳公之死於婺寇也其事固可悲其心不幾於殺身成仁而無求生以害仁者乎公諱祐字慶甫號節齋趙郡寧晉人至元十四年丁丑冬公以浙東宣慰來旬境内抵新昌新昌鄰境婺之玉山也玉山多悍夫先有欲逞悍於一使者呼儔五百餘輩約便道爲邀寇計風傳來期適與公相值邑人亟白公曰

寇鋒必鋭姑少避之公曰吾以宣皇靈慰民望為職不幸遇寇弭之可也避之可乎縱吾可避如百姓魚肉何不負朝廷
朝廷羞使節乎况寇亦吾民也吾將道
天子德意志慮昭示利害禍福使知向背以盡吾職無愧吾心而已即留止縣治翼旦左右白寇至公肩輿招諭罄囊槖勞之寇認為前使者喧呶洶涌不復聽命擁衆直前公遂死焉寇徐覺其誤驚駭鳥散嗚呼公以赤子視寇寇不以父母視公公為寇特開生路寇乃納公於死事之倒施有如是者天乎命耶天乎命耶或疑公此舉可以死可以無死死殆類於傷勇矣

紹興縣志採訪稿

吾謂此說者但以事之成敗議公非以心之公理知
公也公倉猝遇寇武備不及設文誥不及施自常人
處之肝碎胆落奉頭鼠竄惟恐不速公氣宇雍容詞
意惻愴上念
國恩下慮民生毅然隻身橫當寇衝雖事埶蹉跌卒能
殉理以死吾竊意英魂陟降猶以不克殉其大勇自
恨尚何傷勇之有則凡低徊太息仰天俯地不滿於
公之一死者固公之所憫笑而麾斥者也烏足為知
公之心事哉吾固以為公之死根源於此心之公理
深有合於吾夫子殺身成仁之義非天下烈丈夫能
爾哉公既死邑人壯而祠之閱廿有三載庚子邑令

王光祖求文為記固辭不獲因為發明其心事以表見於當世且取屈騷數語隱括以歌之歌曰出不入兮往不返平原忽兮路迢遠帶長劍兮挾秦弓身雖死兮心不懲凛壯節兮神以靈魂魄毅兮為鬼雄若其歷官行事無繫於新昌者茲不載大德四年六月望日謹記

按萬歷府志宣慰有祠在新昌縣城且求記者乃其邑令則碑當在新昌不應在府學及攷至元紹興路廟學圖始知明倫堂左亦有宣慰祠疑碑本刻於郡城不及運往就學祠中立之今則祠廢而碑存耳宣慰素與王惲秋澗善歿後不蒙䘏典惲上狀申明其

事又撰哀辭及神道碑具載秋澗集中元史本傳稱贈推忠秉義全節功臣江浙行中書省左丞封潁川（元史作河南誤据元偃師縣陳氏先塋世系圖碑改正）郡公謚忠定今碑不詳蓋其事尚在作記後也臧夢解號魯山慶元人元史有傳

開元寺首楞嚴神咒幢刻高六尺七寸六面面廣一尺五分前四面各八行行六十二字後二面分二列上列記各九行行二十字下列咒各八行行四十二字俱正書徑一寸大德五年九月立在府治開元寺

大佛頂如來密因修〔證〕了義諸菩薩萬行首楞嚴神咒

咒文不錄

□□按會稽志及圖經所載後唐長興元年□□武肅王奏以節度使董昌故第造寺□□□□貫他剎又本寺記云其內也門闔對開□□也澄波帶遶建炎庚戌例遭煨燼以致寺前河步及四圍基地皆為居民占住年遠至元二十□年及至元二十七年欽奉聖旨已復舊基後□至元二十九年內欽奉

聖旨節該行宣政院官奏蠻子田地裏有的但屬寺
院裏的田地水土□□亡宋的根脚先生秀
才富户每隱□的□官人每分□回付與了
的田地水土如今再争有這般奏將来有那
般奏来在先□屬寺院裏田地水土回付與
□□□如今那般的呵不揀是誰休爭者道
来這般宣諭了呵爭的人不怕那欽此今於
舊界河步塔基地上重建法幢端爲祝延
聖壽萬安皇圖鞏固民康物阜雨順風調願
佛法久住世間使羣品正信不斷 歲次辛丑
大德五年九月庚申開元寺僧守模等衆立

按寺院石幢多刻尊勝陁羅尼經此獨書首楞嚴咒頗剥蝕難辨故乾隆府志誤以爲陁羅尼幢也題記載至元二十九年聖旨蓋蒙古語以俗語譯之未經儒臣潤色者

紹興路增置義田記　碑高七尺八寸廣四尺額篆書紹興路增置義田之記九字三行徑三寸四分記十七行行四十字行書徑一寸二分　曾鋼撰　趙孟頫書　梁國華篆額　大德八年四月立在紹興府學　碑陰正書　刻田段租額

懷遠大將軍潭州安撫副使曾鋼撰

集賢直學士朝列大夫行浙江等處儒學提舉趙孟頫書

少中大夫浙東海右道肅政廉訪使梁國華篆額

越之有義廩自忠定史越王始蓋必賢者之後喪不能舉女不能嫁然後賙之將使為善者有所勸規式幷如也其後好義之士遡源衍流田益加增凡所給助壹出公論他費亦惟成規是眡由是歲有餘積鄉大夫之提其綱者又能充拓前人意接踵成之有羨無斁稟儲遂倍於初越之

人實嘉賴焉歲久弊滋或指上腴為閒田或耕者遁徙湧不詧省或胥徒相與為奸利而潛損其故額者過半給助既多不盡覈其寔而他費且益浮非惟力不能買田以加益而貧者顧不被其賜比歲稍議更張會汴梁劉侯來摠府事問民疾苦之暇首詢顛末鏡見弊端乃闢閒田復故額汰濫予撙浮費積羨米陸伯餘石收其值得楮劵五千八百餘緡擇山陰會稽之良田酬以善價為畝壹伯柒十有奇登其數於籍俾職出納者庀司之又以其副庋藏于府猶以為未也則刻之石使不至湮沒以無負先賢創義之良規鄉人聞其事而相語曰義廩蠹敝極矣非劉侯見義勇為舊租以復新畬以增則虧其半者將至於盡虧而

助其乏者將無以為助仁哉劉侯之用心也昔范文正公嘗置義田嫁娶凶葬皆有贍世以為美談然不過周及其族惟忠定以故相鎮越獨能惠利邦人養成士大夫廉耻之俗不遺子孫憂其所周視文正益廣矣今劉侯又能循前人之跡而推廣其意下車甫期月於義舉已駸駸可紀積而至於三年之久其什百倍蓰成効固不止是後之繼者又能從而推廣之則貧有仰善有勸所集者不益廣且遠耶是不可無述遂屬綱識其梗概使來者有攷焉凡田之畝步若處所則條而勒諸碑陰茲不書大德八年四月日記　古越丁茂刊

碑陰高一尺二寸廣一尺一寸九行行字不等正書徑八分

大德七年置到山陰會稽河水田一頃七

十七畝一角四十六步五

尺八寸

計租米一百一十三石五斗俱有

文契簿籍存照

山陰田一頃三十二畝二角五十步四尺三寸

租米八十六石三斗五升

會稽田四十四畝二角五十六步一尺五寸

租米二十七石一斗五升

按劉侯記不著名攷任士林譔紹興路學講堂記在

大德九年稱郡侯劉姓名克昌汴人則此當即克昌

無疑乾隆府志以為劉僎殆未攷僎為總管萬歷府志係於元貞元年其時不合也曾鋼亦越人觀記中稱鄉人可見蓋宋禮部侍郎幾文清公後裔

孔子加號詔● 碑高八尺七寸廣四尺五寸額篆書皇帝詔書四字二行行徑五寸碑分二列上列詔十三行行十七字正書徑二寸下列文十一行行十字徑一寸二分又立石銜名一行徑五分俱正書 武宗至大二年十二月立在紹興府學

上天眷命

皇帝聖旨蓋聞先孔子而聖者非孔子無以

明後孔子而聖者非孔子無以法

所謂祖述堯舜憲章文武儀範百

王師表萬世者也朕纂承丕緒敬

仰休風循治古之良規舉追封之

盛典〔加〕號大成至聖文宣王遣使

闕里祀以太牢於戲父子之親君

臣之義永惟聖教之尊天地之大

日月之明奚罄名言之妙尚資神

化祚我

皇元主者施行

大德十一年七月　日

至大二年十二月十九日太保三寶奴丞相奏在先

孔夫子〔漢〕兒帝王〔雖〕是封贈〔了〕不曾起立碑石〔来如〕

今各處行與〔文〕字封贈了於贍學地〔土子〕粒内交立

碑石呵〔今〕後學本事的人〔肯〕用心也者奏〔呵〕奉

聖旨是有那般者欽此

嘉議大夫紹興路總管兼管内勸農事提調學校

官臣朶耳赤立

按元史加封孔子在大德十一年七月辛巳是月癸亥朔辛巳十九日是時成宗已崩武宗未立係仁宗監國時事葉子奇草木子稱其詔詞精雅元文類載之闕復之筆也下方所刻奏請立石聖旨潛研堂金石文跋尾所載徽州路儒學旨揮亦刻此辭至大二年上有承奉江浙等處行尚書省劄付該准尚書省咨十八字欽此下有照得先據御史臺呈亦為此事已經遍行去訖咨請欽依施行二十四字蓋尚書省咨江浙行省而行省劄付各路者此則節錄咨文中語也

紹興縣志採訪稿

重建南鎮廟碑　碑高八尺六寸廣三尺六寸文二十八行行六十七字正書徑一寸　鄧文原撰并書　仁宗皇慶元年六月立在會稽南鎮廟　碑陰正書　刻郡職邑士題名

皇元重建南鎮廟碑

儒林郎江浙等處儒學提舉臣鄧文原奉

勑譔并書丹

周官職方氏辨九州之國東南曰揚州其山鎮曰會稽鎮山各長其方貴莫與夷而會稽次居先亦若傳志所載南海神在北東西三神河伯之上先王叙秩常祀固自有旨哉地主静故物生而不息鎮山因地之厚而相其成功在人則方伯宣仁風敦政本俾民阜康而不知所利由是道也按虞帝巡狩則望祀山川來輿所經歲周四岳雖古者省方設教禮崇易簡

然而道里遼廓涉時燠寒聖人之於民亦已勤矣自
巡狩道廢而望祀僅以名存歷世隆汙益昧原本秦
漢肇興五畤旁禮八神諸若陳寶碧雞壽星泰一神
君武夷莫不有祠禁方祕祝異說交集祈禳雩禜降
及厲淫先王之理天下所以存誠贊化孚格神明者
其道隱而弗彰夫山林川谷丘陵能出雲為風雨者
禮皆列諸百神而況名山具瞻奠鎮下土利澤周施
其重豈直與勤事定國禦災捍患者侔稽古盛際四
鎮咸在封域之內分合世殊政教弗通神或匱祀
聖元啓運武戡亂略德懋好生
天人順應萬方臣服自昔車書會同之盛未有窺其

際涯者也文治修明中外禔福則又懷柔百神示民
禮秩益延
景命惟東南控帶江海層岡峭嶺圭立屏峙莫可殫
狀而會稽之山秀萃無儔明靈所司由隋唐暨宋祝
號祭式公王次升大德己亥
詔尊南鎮會稽山爲昭德順應王與嶽瀆同祀使者
肅將戎具白金函香旙以綺錯牲醴芳潔籩豆靜嘉
然而衆飾弗嚴梁傾棟橈庭序榛薉陊降祼薦室不
稱儀越十有一年爲至大己酉嘉議大夫臣朶耳赤
來守茲土進謁寺下顧視興嘅曰守臣職在蕃宣事
神訓民曷敢不欽厥事乃集羣議將大撤而新之請

於帥府給緡錢二萬五千四百有奇邑里競勸傾資相役壞材文石桴輸輦致龍斵既備版榦具興殿宇周阿前翬後棘表以重門翼以長廡齋廬靚深膳烹有所邦人士女禱祠會止閒亭飛閣可觀可憩環山繚溪若有風馬雲車肸蠁來假先是於越大饑道殣相望薄征振廩荒政存敷惠及埋胔明年夏復旱臣承耳赤禱于神得雨人謂神亦矜民易以誠識感後復有事於廟經度故址爲畝二十五有半曰發地得石具識深廣北東西臨溪南直玉笥峰紀以宋大中祥符之二年視舊加斥克弘厥規豈神之宿留告曉于人固如此哉考諸在昔常以立夏氣至揭虔蕆事導

迎蕟育天道無垠四時布令仁行於春禮繼炳文歲

功序成物乃蕃息維茲越土肇歸版圖于今幾四十

載乃者歲比遣使皆爲民祝釐

聖上纘承基緒申飭有司益嚴毖祀仁昭禮洽上以法

天之運而元臣碩輔同德協心汔底康乂東南旋俔

陶咏

皇風浸漑膏澤生聚教訓期于億萬世江淛行中書

省平章政事臣張閭等奏曰南鎮廟成維麗牲有碑

乞命儒臣文原爲文以詔來者

制曰可臣謹再拜稽首願頌

帝德且宣神功爰勒銘詩與茲山無極其詩曰

邈哉東南　萬山之藪　孰殿茲土
相其温厚　先民有言　山岳配天
體坤之載　道合靜專　崪茲會稽
列巘環向　欝蔥禹穴　蔽虧秦望
辟彼江海　百谷是王　禮隆昭祀
嘉薦踐芳　奕二新廟　塗塈丹雘
盪晷即明　闢隘從廓　物既和止
神亦宴娭　靈斿肸飾　賁然来思
擁其休嘉　錫此南土　豈惟南土
九有伊祐　惟
皇縱聖　惟臣弼諧　神道泰寧

兆民允懷　詩詠岡陵　式揚壽祉

儒臣作銘　贊於

天子　皇慶元年六月三日建

四明臣茅紹之鐫字

碑陰高三尺六寸廣三尺六寸二十行行字不等正書徑一寸二分

大中大夫紹興路總管府達魯花赤兼管内勸農事馬合

馬沙

嘉議大夫紹興路總管兼管内勸農事朶耳赤

中順大夫同知紹興路總管府事王八都兒

承直郎紹興路總管府治中馬合謀

奉訓大夫紹興路總管府判官蕭𤫊

承德郎紹興路總管府推官李震

承德郎紹興路總管府推官王得觀

承務郎紹興路總管府經歷任揆

將仕郎紹興路總管府知事孔廉

將仕佐郎紹興路總管府提控案牘兼照磨承發

架閣全天祥

修武校尉紹興路會稽縣達魯花赤兼勸農事月

魯

承務郎紹興路會稽縣尹兼勸農事趙天祥監督

進義校尉紹興路會稽縣主簿趙哈八都兒計料

進義副尉紹興路錄事判官李忠應辦

府吏童端劉榮祖縣典史李居仁司吏王茂

榮　董後

將仕佐郎南恩州儒學教授褚子杰

邑士許鈞許琇喻吉甫傅士珪丁舉

邑人陳宗孟純孟能之陸森陸晟王德丁

觀孫求誠之尉德興金榮何茂陳昌

孫銛王元陸友王榮李景諸聰胡榮

胡思敬助建

按總管朶耳赤萬歷府志云寧州人文宗天歷二年任今攷是碑則武宗至大二年任也其云寧州人者自據元史列傳然傳不言為紹興總管且歷官在世

祖朝時亦未合又越中南鎮城隍諸廟碑皆稱大名朶耳赤其為别是一人審矣是碑鐫者為茅紹之楊升菴丹鉛錄稱其刻趙子昂書毫髮不失在江南以此技致富紹之號能靜處士見至元中許熙載神道碑鄧載之書與吳興齊名又得紹之刻手宜其精采獨絶也陰載紹興路職頗備府志未詳本路設官之額今據各碑所錄記之凡總管府達魯花赤一員總管一員同知一員治中一員判官一員推官二員經歷一員知事一員照磨兼承發架閣一員錄事司達魯花赤一員錄事一員錄事判官一員儒學教授一員學正一員學錄一員在城稅務提領一員副使一

員與元史合史又載路屬在城税務大使一員蒙古諸學教授倉獄庫局諸職十餘員俱無攷會稽尹趙天祥萬歷縣志作至正十一年任今得此碑可證其誤照磨仝天祥録判李忠會稽監縣月魯主簿趙哈八都兒典史李居仁乾隆府志俱未載

紹興縣志採訪稿

李倜題名 刻高七寸五分廣二尺二寸二行行書徑九分

員嶠眞逸來遊

皇慶元年八月刻於會稽禹陵窆石

皇慶元年八月八日

按員嶠眞逸乃河東李倜別號倜字士宏太原人官至集賢侍讀學士見圖繪寶鑑鐵網珊瑚諸書

紹興縣志采訪稿

紹興路學重修大成殿記碑高七尺二寸廣四尺一寸額篆書重修大成殿記六字三行徑三寸五分記十六行行三十五字行書徑一寸五分

韓性撰　至治元年七月立在府學刻於宋嘉定八中撥酒稅額錢碑陰

紹興路學修大成殿記

學剏於宋之慶歷逮嘉祐中徙置城南積久蠹弊而禮殿爲尤甚至元壬辰撤而新之其成之亟也歷歲三十寢復隤圮部使者何公按事抵越謁庭下歎曰殿之成近耳已趍於壞失今不圖其可以久乃與有司議所以葺之者於是總管胡公涖政始逾月意與何公合屬教授古汴劉君洪量材度庸無取於士無勞於民學計不足則收宿逋以佐其用命録事呼延君璋董其役未幾而隤者完傾者固表裏藩飾煥然華好越人士美是役也俾性爲之記嗟夫

記者著事之成以垂訓將来者也天下之事為之於當可之時其施勞逸（易）其成功遠忽而弗察也怠而弗為也偷安日日卒至於不可為若是者何可勝數今二公之為斯役也當其可為之時而不以重勞為憚故能於旬月之間復新廟之美以大慰越人士之望使後之繼者皆能若是雖永弗壞可也是可垂訓將来矣抑有進於是者廟學之設將使為士者鼓篋釋菜而講習於此非直為觀美而已天之生人有常性人之生有常事私欲之萌而復之遠也惰慢之習而為之無勇也失其常者有矣善為學者精以察之勤以為之毋忽毋怠毋失其當為之時勉勉循循致其緝續之功焉用力之久盛德日新而不窮矣然則是役也

豈特垂訓於將來亦學者之所當深省也記役之成曰著其說以與吾黨之士繹之役始於至治改元仲春閱三月而畢功云何公名約字仲博河中人胡公名元字善甫世家順德今為開平人是歲孟秋上澣安陽韓性記

按越學權輿於宋景祐中寔在慶厤之先記蓋據慶厤四年有令天下郡縣立學之詔遂以為創於其時爾韓性字明善魏國忠獻公琦八世孫高祖直秘閣膺胄始遷越卒後賜謚莊節元史入儒學傳稱安陽者祖貫也錄事呼延璋乾隆府志未載

紹興縣志采訪稿

紹興路重修儒學記碑高三尺廣三尺七寸二十三行行字無攷正書徑一寸三分又另額一方篆書紹興路重修儒學記八字四行徑五寸至治三年□月立在紹興府學

□□路重修儒學記

紹興□儒闕

中奉大夫□□等闕

嘉議闕

□國立文學雖始於漢文翁而古者□□曰泮宮是侯邦闕□宫遂廢至漢武帝始命天下郡國皆立學校官平帝時闕□臣鎮比之侯邦則方伯連率之地故其廟學視他郡為闕□修於至元壬辰元貞丙申曰循簡畧垂三十年東完西闕□者暹智則租入自私襟佩荒涼規武廢弛至

治辛酉闕□即修建大成殿度材鳩工惟力是視亦既起
傾仆於闕□賢配食像設靡存公即稽其逋負縮其羨餘
不賦於闕□就頹圮工役浩繁未易輕議值憲轅下車委
公稽攷闕□者皆舉例以從事下之有司覈實徵理庀其
所納以闕□齋高堂雄深傑閣偉麗正錄有位者宿有序
賓客有闕□□簠簋之所儲藏外而公廚浴室倉敖義廪
教廳闕□□癸亥五月訖於其年十二月役無煩苛士無
間言闕□□州六邑之民俾冒占學田者應期出首自陳
免罪闕□□增復學租四百餘石享祀以豐給養以裕公
闕□□曰夫學者治化之原風俗之所由以淳也夫闕□
□綱三常五寧同榱桷以新陳天典民彝豈闕□□回增

美者豈直爲觀美而已哉諸生藏闕□□升之以爲雲雨
培之千章企而望之以闕□□可學錄余鏗學職吳瑞卿
至治三年歲闕
按碑石祇存一段主修者名氏已闕詳玩文義與至
治元年辛酉修建大成殿者似是一人蓋亦總管胡
元所修也又别有元修學碑額一方委榛莽間或即
此碑者歟學錄余鏗乾隆府志未載

紹興縣志採訪稿

至大報恩接待寺記碑高八尺二寸廣三尺八寸額篆書至大報恩接待寺記八字四行徑三寸五分記二十三行行四十二字行書徑一寸三分韓性撰 袁桷書 別不花篆額 泰定元年八月立在府治北小路至大寺

紹興路至大報恩接待寺記

至大報恩接待寺崇門弘教大師立公之所建也寺在越城之西卧龍紫雲諸山拱列其前由寺門右出舉數十武踰河梁而南是為吳會稽之通衢行旅憧憧不絕釋子之遊方若有事小白華山者必道於此長途風雨巾錫淒然嚬呻逆旅之中故其徒目之曰越州一關立師妙年稱出家子參學諸方習聞其說而病之念平昔經行荒陬遠壑猶有接待以為憩息之地而吾邦獨無有至為人所蘄豈居是邦者念慮未之及耶念慮雖及而力有不逮耶將前

之未舉者有待於後來耶抑聞志專而力從世豈有不可為之事哉於是竭其心思不憚勞勩蒙犯霜霧行萬里之遠有出己之力而無委地之貨積二十餘年其心未嘗一日不在接待也積銖累忽由微而著度其力足以有為乃購石氏故宅撤其舊廬更創新宇經始之初户外之屨已滿矣渴饋以漿飢餉以飯勞也嚴牀敷以安息之垢也闢浴室以澡雪之至者如歸而師之志亦少酬矣乃罄橐中之藏以供土木之費殿堂門廡齋寮庖庾種種畢具與他大剎等又慮無以善其後也買田千畝以充饘飡之需買山五百餘畝以供薪樵之用朝晡伏臘百為之具不待外求而可以垂久於是師之素志慰滿無復遺恨矣進其徒

而告之曰我初發心建此接待以二十餘年之久最初之念獲成非敢以為能報四恩亦見其志而已至若運木石闢基址戮力　相其成得四人焉曰全曰機曰琩曰大而四人者既能贊之於始則當共守之於終其各度弟子甲乙相傳以保吾志於將來也寺成於至大改元之四年請於、

帝師名之曰至大報恩之寺而俾余為之記余之居鄰於寺得於目擊可信不誣為之言曰人生有役不能不奔走於道途古之聖賢不以己之逸而輕人之勞不以居之易而忘行之難也是以公其念慮施之政令使賓客有所館而羈旅有所寓肇自上古周禮謹著之嗚呼大道之行三

紹興縣志採訪稿

代之英吾儒傳誦邈若不可及然後世盛時亦有適千里而不資裹糧者人心之公王政之行千萬世一日也立師方外之人以惠利為心志專力從其徒舉受其賜然則儒之說行熙洽之理豈有古今之殊哉故余樂記其成而道儒者之說以終之師越之上虞人姓趙氏本立其名雪庭其號云

安陽韓性撰　翰林侍講

學士奉政大夫知　制誥兼修　國

史袁桷書　上柱　國開府儀同

三司前江浙等處行中書省左丞相别不

花題額

大元泰定元年歲在甲子六月乙卯朔初六日庚申建

刻石人東海王永仁

按記云卧龍紫雲諸山拱列其前攷嘉泰志紫雲山在會稽縣東南五十里與寺遠不相涉明善鄉人不應誤記豈别有所指歟小白華山即普陁今僧俗所謂朝南海也此風蓋自元而巳然矣明善稱居鄰於寺蓋韓氏世居蕺山之麓山西距寺不踰一里乾隆中全謝山主蕺山講席署其齋曰相韓舊塾有記載結埼亭集職以此也袁桷字伯長號清容居士慶元人元史有傳别不花元史宰輔表天歷元年爲中書左丞相又程鉅夫雪樓集有别不花官江浙行省左丞相時贈謚三代及妻封延國夫人制

孔子像幷世系圖

碑高六尺五寸廣三尺二寸額篆書大成至聖文宣王七字橫列徑二寸二分額上橫書皇元大德丁未加封八小字正書徑三分碑分三列上列世系圖中立孔子坐像高三尺四寸四分下列跋三十七行行十字又書篆人銜名二行俱正書徑五分

王時書　王允敬篆額　泰定二年三月立在紹興府學　後有周耘跋

宣聖之先高辛氏子偰之後偰以佐禹治水有□封於商□□子祀□□

丁公申　宋公稽　微子啓

伯夏　孔防叔　睪夷父　木金父　孔嘉父

避宋華督之難來奔魯為大夫因家焉因以祖父字遂為孔氏

一作祈父一作罕夷父

孟皮

庶兄一作伯皮一作伯尼

為陬邑大夫娶顏氏女

紹興縣志採訪稿

紹興縣志採訪稿

王伐紂□封紂子武偰庚於朝歌至成王時周公東征改命帝乙長子紂之庶兄微子啓國于宋以奉商祀啟卒立其弟微仲衍

帝乙

微仲衍

湣公共

煬公熙

孔嘉父 者其子也家語

正考父 中以為所賜號

世子勝 一作世父勝

宋父周 自微子

弗父何 啟至煬公凡六世弗父何乃讓國與其弟鮒祀後遂世為宋卿

□□

叔梁紇 名徵在生宣聖至宋大中祥符元年追封齊國公顏氏封魯國太夫人

自偰至宣聖通闕

厲公魴祀一作方祀一作鮒祀

鏡湖范彌堅刊

宣聖生於周靈王二十一年即魯襄公二十二年庚戌歲冬十一月庚子二十一日也薨於周敬王四十一年即魯哀公十六年壬戌歲夏四月己丑十八日也按春秋三傳史記世家索隱闕里譜系及孔氏家譜東家雜記祖庭廣記家語世系年表辨正等書各有異同今以朱文公論語集註中所紀為正至西漢元始元年追謚褒成宣尼公魏太和十六年謚文宣尼父後周大象二年封鄒國公唐貞觀十一年尊為宣父乾封元年贈太師開元二十七年封文宣王宋大中祥符元年加封元聖改封至聖文宣王惟宣聖之道垂於後世學者受罔極之恩巍然袞冕嚴於學官不能家有其

像謹按孔氏家譜云家廟所藏本衣燕居服顏子從行者世謂之小影唐劉禹錫作許州新廟碑有尭頭禹身華冠象佩之容取之自鄒魯者是也近世所傳殆失其真耘謹依小影作弁服坐像刻之於石置會稽郡庠使人得墨本朝夕瞻仰所謂温而厲威而不猛恭而安者心存目注若見聖人於千載之上豈非學者之所甚幸與至於譜系封謚生薨歲月散載諸書并彙集附刻云泰定二年歲在乙丑暮春之月句章周耘拜手謹誌

國子監學生王時書丹

亞中大夫紹興路總管兼管内勸農事王克敬篆蓋

按此像蓋從行教小影摹出惟改為弁服坐像而已

東家雜記云世之所傳非小影畫像皆為贋本小影相傳為端木子筆宋顧覯之重摹者其後乃刻石於闕里云總管王克敬字叔能大寧人元史有傳王時字本中即克敬子

紹興路修學殘碑　碑高五尺廣二尺七寸　行字無攷　正書徑一寸

（泰定二年立在府學刻於宋淳祐中復貸錢糧記碑陰）

前闕從祀孔子廟廷者一百五人皆列坐廡下通都大闕廿餘字為浙東會府廟學邃嚴冠於傍郡獨從祀繪兩廡之辟闕廿餘事以為慊泰定二年　正議佩紹興郡紱提調學事念更新之使本學教闕十餘字俸以為之倡郡□校官聞而樂助逾時像成因以較其學租積逋得米若干闕十餘字丹雘嚴飾大守率僚屬歲時奠謁博士闕廿餘字又以餘力範銅為樽罍之類若干然後下闕

按碑字磨蘢殆盡撰書人俱不可攷韓明善南鎮置田記有云泰定乙丑金源王公克敬為會稽守乙丑正泰定二年則碑所稱正議佩郡紱者即克敬也孔

子像石刻克敬署銜亞中大夫此時當進階正議爾

南鎮廟置田記　碑高八尺二寸廣四尺一寸額篆書南鎮廟置田記六字三行徑三寸五分記二十行行三十四字行書徑一寸二分　韓性撰并書　袁桷篆額　泰定三年正月立在會稽南鎮廟　碑陰正書　刻田畝四至租額

安陽韓性撰并書

翰林侍講學士奉政大夫知制誥同修國史袁桷題額

九州之鎮

〇重祀也東南之鎮曰會稽見於周官由漢以來咸謹祀事

國家一海内歲遣使降香若金幣馳馹抵廟下以一太牢祠守土之吏奔走承事惟謹廟在會稽縣東南十餘里無祝史之守

尚方所錫藏之郡帑積無所用泰定乙丑金源王公克敬為會稽守議買田以供廟之用請於帥府帥府如其請乃會所藏得楮幣若干白金為錠者若干為香奩者若干斤而賣之又得楮幣若干買傍近田一百十七畝有奇俟命列其上畝刻之石使後有考俟之慮事遠哉南

鎮

國重祀廟之用度有司所當慮其最重者二焉古之祭祀預備以示嚴神倉所以備粢盛也掌牧所以備牲牷也祭祀之物具故臨事而不擾今南鎮歲祀責成有司有司集事則已犧牲粢盛取具臨時有不能具則賦之民民以為病一也漢祀嶽瀆始為宮室若廟祏制後以為

常今會稽之廟壯麗靚深明宮齋廬多至千礎歲歲修繕勞民無已時委而不修必至於隤圮圮而更為民之擾滋甚二也今侯買田於廟貯其租入以供祭祀以待修繕至於香火之需祝史之養皆出乎其中非獨致力於神其為斯民計遠矣或謂一夫之田所入無幾用之不周猶之無益也是不然天下之事莫難於創始今侯倡之於前繼侯之理者頗增益之足用而後已敬共明神民不勞勸神人相依有引弗替以稱

國家崇明祀之意此侯之所望於後來也典其事者郡吏沈天瑞泰定丙寅孟春日記

會稽范彌堅刊

紹興縣志採訪稿

碑陰高六尺五寸廣四尺四寸五十五行行字不等正書徑五分

紹興路今將元有

朝廷須降本路會稽山

南鎮廟銀香盒課銀等物變易作鈔并香錢總該中統鈔

貳伯柒定叁拾叁兩捌錢叁分伍厘内將鈔貳伯柒定

置買到後項湖水田壹伯壹拾捌畝壹角伍步該租米

柒拾壹石叁㪷伍勝捌合肆勺

湖田陸拾貳畝貳角壹拾伍步

水田伍拾伍畝貳角伍拾步

俞謹思出賣湖水田陸拾畝貳角肆拾叁步俱坐落會

稽縣每畝價鈔不等計中統鈔壹伯壹拾肆定佃戶顧

民田一畝三角坐落
六都七家每畝價鈔
一十五兩計鈔四錠一
戶李保二每畝上
七斗年納米一石二
斗五合　東至河
沈田　南至祠〇二
張和尉

連一等每年總納租米叁拾柒碩叁斗捌勝伍合肆勺
第一等田陸段計貳拾伍畝壹拾步計米壹拾柒碩
玖斗叁勝玖合
一段民田陸畝貳角坐落第六都桔橋每畝價鈔
貳定壹拾伍兩計鈔壹拾肆定肆拾柒兩伍錢佃
戶顧連一每畝上租米柒斗年納米肆碩伍斗伍
勝　東至河　西至接待寺田　南至河　北至
學田
一段民田貳畝叁角坐落第六都上許坂每畝價
鈔貳定壹拾伍兩計鈔陸定壹拾陸兩貳錢伍分
佃戶馬尚二每畝上租米柒斗年納米壹碩玖斗

紹興縣志采訪稿

貳勝伍合　東至□保一　西至□九六　南至
河　北至本户
一段民田肆畝叁拾壹步坐落第七都七家後每
畝價鈔貳定壹拾貳兩伍錢計鈔玖定壹拾肆兩
佃户俞寧七每畝上租米柒㪷年納米貳碩捌㪷
玖勝壹合　東至錢□四　西至水漊　南至徐
文八　北至徐端□
一段湖田肆畝壹角壹拾柒步坐落十八都横山
村每畝價鈔叁定計鈔壹拾貳定肆拾捌兩佃户
倪鼎一　王得一每畝上租米捌㪷年納米叁碩肆
㪷伍勝陸合　東至夏細六　西至涇　南至朱

細行　北至徑
一段湖田伍畝貳角貳拾叁步坐落十八都橫山
村每畝價鈔貳定壹拾伍兩計鈔壹拾貳定肆拾
叁兩伍錢每畝上租米柒蚪年納米叁碩捌蚪玖
勝貳合
內貳畝叁拾貳步佃户沈閏六每畝上租米柒
蚪年納米壹碩肆蚪柒勝〻　東至山　西至涇
南至瘮婆　北至路
內叁畝壹角伍拾壹步佃户田大每畝上租米
柒蚪年納米貳石肆蚪貳勝貳合　東至山
西至涇　南至本户　北至趙壽兒

第二等田捌段計貳拾貳畝壹角貳拾叁步計米壹

拾貳碩捌斗玖勝肆合肆勺

一段民田壹畝壹角坐落第六都七家每畝價鈔

貳定計鈔貳定貳拾伍兩佃户李保二每畝上租

米陸斗年納米柒斗伍勝　東至河　西至葉秀

南至胡添二　北至張縣尉

一段民田肆畝坐落第六都後大漊每畝價鈔貳

定計鈔捌定佃户沈壽二每畝上租米陸斗年納

米貳碩肆斗　東至沈松四　西至齊明二　南

至王明六　北至諸連一

一段湖田叁畝貳角肆拾叁步坐落第六都徇山

南每畝價鈔貳定計鈔柒定壹拾柒兩伍錢佃戶
孟元七每畝上租米陸斗年納米貳碩貳斗捌合
東至陸元二　西至曾万九　南至陸得三
北至徑
一段湖田貳畝壹步坐落第六都三湖徑每畝價
鈔貳定計鈔四定佃戶潘友三每畝上租米陸斗
年納米壹碩貳斗貳合肆勺　東至曾元六　西
至潘文二　南至潘万念三　北至魯添十
一段湖田肆畝貳角肆拾叁步坐落第五都大湖
南岸每畝價鈔貳定計鈔九定壹拾柒兩佃戶潘
得三每畝上租米伍斗伍勝年納米貳碩伍斗柒

紹興縣志采訪稿

勝肆合　東至魯九八　西至蔡曾三　南至朱

万念三　北至魯文三

一段民田肆畝坐落第七都七家後每畝價鈔貳

定計鈔捌定佃户俞寧七每畝上租米陸㪷年納

米貳碩肆㪷　東至錢元四　西至水漊　南至

徐文八　北至徐端一

一段湖田壹畝壹角伍拾步坐落三十一都昌源

每畝價鈔肆拾伍兩計鈔壹定壹拾伍兩佃户陳

勝一每畝上租米伍㪷年納米柒㪷貳勝伍合

東至齊明二　西至姜明二　南至齊松　北至

范辛二

一段湖田壹畝壹角陸步坐落三十一都昌源每畝價鈔肆拾伍兩計鈔壹定柒兩伍錢佃户陳勝一每畝上租米伍㪷年納米陸㪷叁勝伍合　東至齊友三　西至姜□四　南至姜閏五　北至姜百九

第三等田伍段計壹拾叁畝壹角玖步計米陸碩伍㪷伍勝貳合

一段民田貳畝坐落第六都七家每畝價鈔肆拾伍兩計鈔壹定肆拾兩佃户李保二每畝上租米伍㪷年納米壹碩整　東至河　西至葉秀　南至胡添二　北至張縣尉

一段民田伍畝坐落第六都上許畈每畝價鈔肆拾伍兩計鈔四定貳拾伍兩佃户馬尚二每畝上租米伍斗年納米貳碩伍斗　東至馬□郎　西至馬四郎　南至本户　北至馬省幹

一段民田貳畝叁角肆步坐落第五都皋部廟後每畝價鈔肆拾伍兩計鈔貳定貳拾肆兩伍錢佃户酈友四每畝上租米伍斗年納米壹碩叁斗捌勝伍合　東至胡安四　西至馬端三　南至李辛三　北至酈安四

一段湖田壹畝叁角貳拾肆步坐落十八都金雞墪每畝價鈔肆拾伍兩計鈔壹定叁拾叁兩佃户

孟辛一每畝上租米肆㪷伍勝年納米捌㪷叁勝

貳合　東至陳文□　西至酈季九　南至徑

北至潘辛一

一段湖田壹畝貳角肆拾壹步坐落十九都狗山

畈每畝價鈔肆拾伍兩計鈔一定貳拾伍兩佃户

王滎三每畝上租米伍㪷年納米捌㪷叁勝伍合

東至金辛一　西至俞万七　南至謝曾十六

北至□辛二

章仁出賣民田貳拾壹畝貳角壹拾伍步坐落會稽縣

每畝價鈔不等計中統鈔肆拾叁定佃户虞端六等總

計納租米壹拾叁碩叁㪷玖勝伍合

第一等田叁段計捌畝貳拾貳步計米伍碩陸斗陸
勝叁合
一段叁畝伍拾柒步坐落第三都常巷村每畝價
鈔貳定肆拾兩計鈔玖定叁兩伍錢佃户俞端六
每畝上租米柒斗年納米貳碩貳斗陸勝捌合
東至大河　西至本户　南至施千四　北至施
千四
一段壹畝叁角貳拾伍步坐落第三都常巷村每
畝價鈔貳定叁拾兩計鈔肆定肆拾壹兩佃户蔣
佛一每畝上租米柒斗年納米壹碩貳斗玖勝伍
合　東至王大三　西至沈九三　南至施千三

北至吴二郎

一段叁畝坐落第三都常巷村每畝價鈔貳定叁拾兩計鈔柒定肆拾兩佃户蔣佛一每畝上租米柒㪷年納米貳碩壹㪷　東至夲户　西至沈九三陳安二　南至施亞五　北至蔣元一

第二等田貳段計玖畝叁角伍拾叁步計米伍碩玖㪷捌勝貳合

一段陸畝壹角叁拾玖步坐落第三都檀瀆村每畝價鈔壹定叁拾兩計鈔壹拾定壹拾叁兩佃户尹慶二每畝上租米陸㪷年納米叁碩捌㪷肆勝陸合　東至錢万十二　西至陳曾拾　南至蔣

紹興縣志采訪稿

曾四　北至錢万十二

一段叁畝貳角壹拾肆步坐落第三都檀瀆後村

每畝價鈔壹定叁拾兩計鈔伍定叁拾伍兩佃户

尹慶二每畝上租米陸㪷年納米貳碩壹㪷叁勝

陸合　東至王曾一　西至施從五　南至吴元

一　北至施千叁拾壹

第三等田貳段計叁畝貳角計米壹碩柒㪷伍勝

一段一畝坐落第四都西具村計鈔壹定壹拾柒

兩伍錢佃户張换一年上租米伍㪷整　東至張

万十二　西至何端四　南至李万十七　北至

張閏六

一段貳畝貳角坐落第五都石瀆村每畝價鈔壹
定叁拾兩計鈔肆定佃户蔣佛一每畝上租米伍
斗年納米壹碩貳斗伍勝　東至阮細□　西至
王萬一　南至朱文山　北至蔣西二
吴應仁出賣湖田貳拾陸畝貳拾步坐落山陰縣十八
都每畝價鈔不等計中統鈔伍拾定俱係佃户蔡榮一
布種每年總計納租米壹拾陸碩伍斗玖勝捌合
第一等田貳段計玖畝貳角計米陸碩陸斗伍勝
一段伍畝貳角伍步每畝價鈔貳定貳拾伍兩計
鈔壹拾叁定叁拾柒兩伍錢每畝上租米柒斗年
納米叁碩捌斗陸勝肆合　東至孫秀才田　西

至陳官人田　南至陳官人田　北至大湖

一段叁畝叁角伍拾伍步每畝價鈔貳定貳拾伍

兩計鈔玖定肆拾柒兩伍錢每畝上租米柒斗年

納米貳碩柒斗捌勝陸合　東至薛知府田　西

至溼　南至能仁寺田　北至元本户田

第二等田貳段計壹拾陸畝貳角貳拾步計米玖碩

玖斗肆勝捌合

一段捌畝壹角每畝價鈔壹定叁拾肆兩計鈔壹

拾叁定肆拾貳兩伍錢每畝上租米陸斗年納米

肆碩玖斗伍勝　東至韓直閣田　西至陳官人

田　南至薛知府　北至施承務

一段捌畝壹角貳拾步每畝價鈔壹定貳拾伍兩

計鈔壹拾貳定貳拾貳兩伍錢每畝上租米陸㪷

年納米肆碩玖㪷玖勝捌合　東至元本户田

西至陳官人田　南至孫秀才田　北至唐四省

元

葉永捨到湖田柒段計玖畝叁角肆拾柒步坐落會稽

縣十六都康家湖佃户霍成一傅寅四陳仕五每畝上

租米肆㪷計年納米叁碩玖㪷捌勝

一段貳畝貳角貳拾肆步　東至錢曾二田　西

至陳万十二　南至陳千十四　北至錢百念九

二段計壹畝貳角貳拾陸步　東至錢百十一

紹興縣志採訪稿

西至錢百十五　南至錢曾二　北至鄭再十二

一段一畝五拾叁步　東至求千六　西至霍万

三　南至馬文林　北至陳曾一

一段壹畝伍拾叁步　東至求千六　西至羅裕

一秀　南至陳万十四　北至馬文林

一段壹畝貳角壹拾肆步　東至錢百廿八　西

至馬宗四　南至王千二十四　北至錢司户

一段壹畝貳角伍拾柒步　東至徐曾二　西至

陳万十二　南至許明五　北至馬宗四

按記云尚方所錫藏之郡帑攷元史祭祀志南鎮歲

祀銀香合一重二十五兩銷金旛二鈔二百五十貫

遣官致祭降香幡合如前禮加銀五十兩中統鈔二百五十貫若他有禱禮亦如之碑陰載田畝租額參攷宋景定小學田碑可見宋元時取於佃農之制大約湖田水田二項俱屬膏腴但又有一二三等之別其上租米每畝一等以七八斗二等六七斗三等五六斗為額若小學田碑又有白熟地一項則每畝可一石矣升字多以陞代之以防改竄此獨作勝他碑所罕見也

紹興縣志採訪稿

顯寧廟碑　碑高六尺廣四尺一寸三十三行行四十七字正書徑一寸　馮子振撰　趙孟頫書　于九思篆額　泰定三年三月立在府治興龍山城隍王廟

重修顯寧廟碑

前集賢闕承闕馮子振撰

前翰林學士承　旨榮祿大夫知　制誥同修　國史

趙孟頫書

通議大夫紹興路總管兼管内勸農事于九思篆額

名山五嶽與郡邑守長法施於人歲時二千石率官屬吏民□以禮奉祠東南作鎮之山曰會稽闕二十字東之勝揖禹穴而俯秦望度□□而□卧龍卧龍之陽闕廿一字翔拱之勢□□然峻峙而前陳者越之城隍神顯寧廟也城隍神闕五字州邑闕十九字會稽則唐越州都督龐公□玉闕四字神仕隋

為監門直閤最久□值大業（闕十二字）東都其歸長安也為堯君素（闕八字）高祖特倚眷之武德之元太宗（闕十九字）未決太宗兵馳出其背走羅睺□仁杲神之□□為多武德四年李子通□神□授越州都督以是（闕三字）明年七月名為雍州都督為會稽□八閱月而廟食向千載能使越人日遠日慕而日不能忘（闕十八字）神為之冠其威靈惠利功不倍於漢劉寵馬臻乎每歲九月□旬之□□邦人以神初度（闕十八字）惠威德顯佑昭（闕廿九字）至大己酉大名李侯桒耳赤来牧謁祠下（闕四字）亟（闕四字）先是神有舊像綸巾羽扇酷似孔明大德丙午（闕五字）鳩工耩為燕寢重（闕六字）越□疫□□□幾有司（闕十二字）詣神卜（闕五字）至是侯□之併復醯麴一歲勿□凡

可以藥越人闕四十三字工趣作少囗弗力闕廿一字植仆樹傾闕廿一字嗚呼拊劒闕廿八字祠於越人越人之邀福於神其何有已闕九字人思之至今俟事神治民可闕十字廟尚以闕五字無以闕四字為之記以囗囗越人囗謂神之有廟也垂六七百年功德在人闕八字之叵唐闕十四字出雲雨之上闕七字格於以答神貺而報神情此其可囗以不朽囗不幸而生囗隋將革之代猶幸而立囗唐維新之朝闕十字高蹠之役太宗不以謏其闕四字之囗胄闕四字神則神之將略不後諸將矣會稽經子通竊囗神招徠闕七字是時名臣文武豈乏之任使而神尭聖度闕五字神而授之囗神之材智優為必有超扵人者恨史不立傳間見之段達衛玄尭薛諸人之列傳與高祖太

宗闕八字神之功名□□以暴白於□世吾拃簡書之缺末□□追尤前史之筆削也今而後宇宙間闕十八字為迎神送神之曲闕五字越人□以祀焉是□神之□□□辭曰

闕六行

泰□□□三月壬申闕

按嘉泰志龐公誕辰傳為九月十四日碑中闕字當作中旬之四日矣此碑存字多漫漶年號亦泐惟篆額者為總管于九思萬歷志云九思泰定三年任碑末泰字尚隱約可辨且是年三月乙巳朔壬申實二十八日則立碑即在是年無疑但玩其文義當為總管朶耳赤修廟而作攷朶耳赤於至大皇慶中任越趙

子昂卒於至治壬戌即以卒年計之亦前立碑五載然則碑文蓋具而未刻至是始勒石爾萬歷志職官題名總管有李朶耳繫以元貞元年令攷此碑知朶兒赤實姓李氏萬歷志漏奪赤字又以爲元貞任者皆誤乾隆志不知其爲一人於總管中補入朶兒赤亦誤也馮子振字海粟攸州人元史附儒學陳孚傳

會稽儒學重建大成殿記碑高八尺五寸廣四尺三寸額篆書會稽儒學重建大成殿記十字五行徑三寸四分記十八行行三十四字行書徑一寸五分韓性撰　翟思溫書　武元特篆額　文宗至順元年八月立在府治會稽縣學

會稽邑學重建大成殿成邑人士使性為之記庠序學校有事先聖先師古也曲阜遺履肇祠於漢其後文翁興學備講堂禮殿更數百年迨東晉猶在州縣學廢為廟以蕆祀文治聿興廟學遍郡邑遐陬僻壤不廢也况乎會稽壯縣儒風之盛冠於東州尊重嚴飾宜異於他邑至元十四年燬於火後二十五年當大德五年始搆大成殿比三十年摧剝傾漏不可復支慈谿童君桂主講席瞿〻然若負疚在已謁令長請焉縣尹霍侯文輔簿孟侯潼相與謀擇邑士可任者董禹圭宋亙直等俾之率作掄材數甓工有

緒矣會孟侯以憂去哈刺哈孫来為邑長洪鈞典案牘交贊其成用工於天厤二年之八月畢工於明年之七月宗桷堅好丹雘華煥霍侯月至學視像設故暗者新之論堂兩廡甚敝者葺之俎豆筐篚樽爵簠簋不具者完之春秋釋奠朔望伏謁若在洙泗之間仰睟容聆謦欬也惟聖人立人極以幸斯人 二 得遂其生若其性誠敬所寓千載一日祠祭之嚴歷代可攷所以致尊教父報罔極之恩也豈特以學者之故享弟子春秋之禮哉然古之廟學更數百年而不廢後之營建隨成亟毁不能以世工之良苦懸絶至是耶將士風之不同耶抑完葺之工有繼不繼也會稽得仁侯禮殿之創華好矣繕修之繼不有望於後之人哉

敦禮俗興教化以稱右文之理有司事也一日必葺不敢忽不敢怠校官職也仰綴一瓦俯葺半甓力之所逌不以煩為憚邑士責也充而大之政教以行學以成報本反始寓其誠敬千載一日可也至順改元八月既望安陽韓性記文林郎紹興路總管府經歷翟思温書朝散大夫同知紹興路總管府事武元特篆蓋紹興路會稽縣儒學教諭薛元德　立石

董工縣吏楊文質蔣茂羅世英學吏喻珪　趙良魁鐫

按萬歷縣志哈剌哈孫會稽縣達魯花赤也童桂泰定間任教諭卒於官志入名宦傳今越中昌安童氏皆其後薛元德府縣志俱以為訓導而碑實作教諭

紹興縣志採訪稿

當以碑為正

代祀南鎮記碑高三尺五寸廣二尺七寸額篆書代祀南鎮記五字横列徑三寸文十三行行二十字正書徑一寸三分禿堅董阿撰　順記元統三年五月立在會稽南鎮廟

元統三年夏五月己亥

皇帝遣應奉翰林文字承務郎臣伯家奴奉訓大夫

中瑞司丞臣張完者篤欽齎

寶香銀合錦旛楮幣致祭于

南鎮昭德順應王牲牢肥腯籩豆静嘉薦祼升

降禮儀有度神既肸蠁人用懽懌朝散大夫紹

興路總管臣禿堅董阿敬恭而與奠竣事言曰方今四方寧謐奉祀肅恭而

大神祝册自

京師来則所以禮神者至矣是宜風雨調順民物

紹興縣志采訪稿

阜康以祚我

皇元億萬年無疆之休謹拜手稽首識于堅珉中順

大夫紹興府（路）總管府達魯花赤臣鈕憐等立石

臣趙良魁鐫

按張完者篤官階視伯家奴為崇（應奉翰林文字從七品中瑞司丞正四品）而居後者以蒙古負例列漢負上也總管府達魯花赤鈕憐（乾隆府志未載）至元五年代祀記作鈕璘蓋即一人集韻憐字亦作離珍切殆蒙古憐璘二字本讀作一音而譯音初無定字耳

南鎮代祀記碑高六尺廣二尺五寸額篆書代祀之記四字二行徑三寸五分記十六行行三十六字正書徑一寸　烏馬兒撰　至元十三年四月立在會稽南鎮廟

至元二年歲在丙子四月十又九日

皇帝御

仁明殿召承德郎翊正司丞臣斡赤　承事郎翰林

國史院編修官臣烏馬兒入受

詔匳香篚幣將以寶旛代祀于海嶽南鎮臣斡赤等奉

詔馳驛以六月十六日至於紹興越翼日辛卯詣

南鎮祠行祀事朝散大夫紹興路總管兼管內勸農事臣禿堅董阿與祭竣事守臣請刻石以示永久欽

惟

聖朝奄有九有懷柔百神有能表方域產財用興雲雨

咸秩祀典夫四鎮為

國四維綱紀天下獨　南鎮去　京師最遠為東南

砥柱功德在斯民尤盛從古尚焉今

聖天子事神治人恪遵

祖訓故崇敬之至如此執事之臣各竭其誠對揚

休命省牲視饌壹以其式夜漏不盡十五刻率寮宷

入卽事庭燎伊煌管磬具舉牲酒肥潔登降以數人

情胥樂神靈顧饗爰介繁祉以昭

寵光宣靈致和嘉氣充溢邁相

皇圖與天無極臣烏馬兒拜手稽首謹書其事勒于石朝

散大夫紹興路總管兼管内勸農事秃堅董阿承務郎會稽縣尹兼勸農事呂誠登仕郎會稽縣主簿黄

元承立石

按碑云代祀于海嶽南鎮者元時遣使分五道南鎮與北海北嶽濟瀆爲一道也是碑提行寫處如皇帝聖天子皇圖等字高二格而詔及聖朝祖訓等字僅高一格頗爲不中程式會稽尹呂誠字實夫萬歷縣志入名宦傳

紹興縣志採訪稿

南鎮代祀記碑高六尺一寸廣二尺三寸額楷書代祀之記四字二行徑三寸五分上作花紋方圍内祝文九行行四字記十八行行五十字俱正書徑八分

林宇撰并書劉頤題額　至元三年六月立在會稽南鎮廟

代祀祝文

南鎮之大　其山會稽　神惠我民　報以常祀　有開嗣歲　式禮莫愆　易歉而豐　尚無不若

至元三年代祀之記

奎章閣學士院照磨官從仕郎臣林宇撰并書

武畧將軍管軍上千户權分鎮并縣翼上萬户

府事臣劉頤題額

自虞書著封山而周官列州鎮蓋以奠安一方綿絡地氣出雲雨興寶藏資民用非止辨州域限風氣而已也大江之南財賦之區會稽為東南之巨鎮故祀禮孔嚴至元三年歲在丁丑五月戊申

今天子御

明仁殿出幣香幣祝冊命奉議大夫規運提點所達魯花赤臣八篤麻失里　奎章閣學士院照磨官從仕

郎臣林守代祀於
南鎮昭德順應王祠六月甲午抵祠下有司告充具迺
率守土臣通議大夫紹興路揔管兼管内勸農事
臣亦祖丁等行祀事酒牲肆陳禮樂畢舉駿奔合
敬肸蠁潛孚祀畢守臣請紀其事於石以鐫功勤
成告後夫歲祀彝儀宣達
上敬臣等之職分也顧豈以紀載名姓爲誇榮哉惟治
道隆而後祀典興祀典興而後福祥至時和年登
民康物阜山無盜賊海不揚波神之所以福我
國家者也
皇極在上歛福錫民而民亦爲之保極則

紹興縣志採訪稿

國家之所以崇祀於
神者庸有紀極乎代祀之臣與守臣均此願也乃
刻之石與祭臣朝列大夫紹興路揔管府治中沙
沙奉直大夫紹興路總管府判官蘇澂承務郎紹
興路揔管府經歷孫惟孝提控案牘兼照磨承發
架閣費詵紹興路儒學教授余烈府吏方逢辰進
義校尉紹興路會稽縣達魯花赤兼勸農事也先
帖木兒登仕郎紹興路會稽縣主簿黄元承典史
董圭
至元三年六月　日立石從行者國子生
楊培

按元史百官志從七品階曰從事郎此碑林宇署銜作從仕佗碑亦間有同者未詳其通寫之由總管亦祖丁治中沙沙判官蘇潋經歷孫惟孝照磨費詵教授余烈會稽典史董圭乾隆府志俱未載

紹興縣志採訪稿

南鎮代祀記碑高三尺六寸廣二尺八寸額楷書代祀記三字橫列徑三寸二分記二十六行行二十九字正書徑八分揭傒斯撰并書　至元五年十二月立在會稽南鎮廟刻於元統代祀記碑陰

皇帝仁覆天下明徹宇内乃者天變婁作地道失寧水旱荐臻盜賊不息

君相同德哀矜元元意者事神治民之道有所闕歟於是法

世祖舊制以正月之吉分遣廷臣清望夙著簡在

帝心者代祀嶽瀆以召休貺而北嶽北海濟瀆南鎮則以

命翰林侍　講學士愛牙赤集賢直學士揭傒斯三月庚申朔至于南鎮翼日辛酉祗率守臣潔其牲牢陳其醴齊致其香幣敬祭于大神靈雨先戒祥飇徐集倏陰

忽陽肸蠁布寫潛孚密暢格夫

帝誠踆事徊徨靡敢怠豫惟昔者初受

命于廷也親祝香幣以授其禮甚隆重其意甚恭懇為

之臣者曷敢不虔夫以厚載萬物莫重乎土故在天為

鎮星其積而峻極者因其方而名之曰嶽其次曰鎮其

祀事皆有秩于

帝典所以庇生民衛社稷也夫不以災異數見人民愁苦

而益謹其山川之恆祀者

君之禮不以祀事數怠而時其雨暘弭其患災以屏翰國

家者神之職

君盡其禮神效其職使民知有生之樂實為太平之盛觀

而南土之民困已極矣神其忍使
聖天子日有南顧之憂乎是日與祭官江浙行省所委官
中順大夫同知溫州路事楊清孫守臣中順大夫紹興
路達魯花赤紐璘通議大夫紹興路揔管亦祖丁中議
大夫紹興路同知伯顏朝列大夫紹興路治中僧吉巴
奉直大夫紹興路判官蘇溦承直郎紹興路推官張潗
儒林郎紹興路推官林守承事郎紹興路經歷董郁將
仕佐郎紹興路知事林元亨紹興路提控案牘兼照磨
承發架閣林鏞進義校尉紹興路鎮撫管從政紹興路
儒學教授曾汝巽學正王寶進義校尉山陰縣達魯花
赤阿兒渾沙登仕佐郎會稽縣主簿法都忽判給祀事

者府吏李公澤周惟政縣典史董圭爲文及書者揭傒

斯從行者集賢院宣使穆薛飛兒也

至元五年歲次己卯三月　日建　趙良魁刊

按記有君臣同德語是時伯顏方執朝政故雖避方

刻石之文亦不敢遺則爾時之勢燄可見矣記又云

南土之民困已極者攷元史至元四年六月漳州路

南勝縣民李志甫反詔江浙行省平章別兒怯不花

總閩浙江廣兵討之踰年未平軍興旁午而江浙又

承連歲旱饑之後故云然也揭傒斯字曼碩元史有

傳同知伯顏治中僧吉巴經歷董郁知事林元亨照

磨林鏞鎮撫管宗政教授曾汝巽學正王實山陰

達魯花赤阿兒渾沙會稽主簿

法都忽剌乾隆府志俱未載

朱太守廟記。碑高六尺二寸，廣二尺七寸。額楷書「重修朱太守廟之記」八字，二行，徑三寸。記二十行，行四十一字。又立石題名二行，俱正書，徑九分。

重修朱太守廟記　韓性撰　林宇書　申屠駉書額　至元五年五月立，在山陰昌安門外朱太守廟

安陽韓性為文

儒林郎紹興路總管府推官林宇書丹

承德郎紹興路揔管府推官申屠駉書額

朱太守廟在越城之北，歲久浸圮。山陰縣尹高侯文秀葺而新之。太守吳人，名買臣，字翁子，嘗為會稽守，□具漢書列傳。西都之時，吳越去京師萬里，士之能自見者無幾何人。其事灼灼在人耳目，廟食至今，莫朱□守若也。夫生而有土，歿而廟食，人生之極榮，孰無健羨之心？然更數千百

年僅一二見非有卓然之才出於古今人物之表者何足以致之嗟夫常人之情悼窮而羨達賤貧憔悴見者以為羞光寵艷麗則人皆驚駭之矣二者交於前而中無定見較計得失徼幸於萬一得不得勿論其為見趣固已墮於常人中矣非常之榮豈常人所能致哉方翁子之阨窮也視貴富如契券中物剋期而取之何所憑藉而自信若是也亦知時人之才無出己之右者上之人不用才則已須才而用舍我其誰寬以十年之期可以必得其見也定故其言也果是豈計較徼幸者所可同年語哉其嘔歌道中來人笑侮而妻羞之懷其章綬出人不意而故人驚駭之蓋知世之庸庸者悼窮而羨達徒徇目前之見故因其情

而諺之耳傳之人人書之信史第以其甚窮暴達以為異事而誇詡之若夫窮達與人同而處窮達與人異皆莫知其所以然吾是以知翁子之才有出於古今人物之表也歿而廟食豈直以其晝繡之榮哉余髫齔時見里中人士禱請廟下無虛日宋咸淳甲戌大比為士者乞靈焉有曹黑犬騰逴庭中者既而會稽傳君默登進士第默之文黑犬也咸驚其神夫一名一第皆有定分翁子去今幾二千年問焉以言如響斯荅凜然精爽之不泯宜其廟食至今也廟之剏始不著歲月攷之壁記修於宋大觀者里人高興祖也修於宣和者諸葛彭也江南内附三十有四年王君禎吏為修繕至是三十餘年棟宇傾撓門廡隤圮尤甚

高侯過之而歎息爲易其朽蠹更創兩廡使完好而可久閲四月而畢工至元五年歲在己卯孟夏既望則畢工之歲月也是歲仲夏上澣記

趙申鏞　余必勝　沈必達　楊安孫　徐亨　張新　周堂　張慶祖　俞壽吉　阮道堅　楊明　陸全　施德　徐天麒　丁璋　立石

古汴趙良魁鐫

按朱翁子廟越城昌安門外奉爲土穀神每歲以七月十三日迎神像具鼓吹旗幟遍歷城内外名曰太守會推爲特盛且有勅封文應王之號殁封王事不見於載籍惟諸暨松山廟有宋嘉熙四年勅賜文應

廟額牒碑後人不知賜額封爵為二事因而傳聞致誤爾申屠子迪精於篆隸越中碑刻多有題額今此額獨作楷書未知出其手筆否也

銅井龍祠碑記　碑高五尺八寸廣二尺五寸額篆書重立銅井龍祠碑記八字四行徑三寸五分記二十行重立年月二行行俱四十六字正書徑一寸　高文秀撰林宇書申屠駉篆額　至元五年十月立明正德十二年四月重刻在山陰銅井山龍王殿

銅井龍祠記

承直郎紹興路山陰縣尹兼勸農事高文秀撰

儒林郎紹興路揔管府推官林宇書丹

承德郎紹興路揔管府推官申屠駉篆額

會稽山陰七十餘里是爲銅井峯巒倚雲霧其上有潭龍神居之歲旱潦不齊邑人於是請禱載于郡志至元□年歲在乙亥春不雨至于四月田畝稿乾種不入土郡邑雩禜弗效邑人列縣署請禱于銅井文秀白之郡夙齋戒至于山下月之十有三日質明由山址攀援而

登深澗峭岩徑道險絕迫禺中乃至絕頂復南向下行行可五六里抵于□□率邑父老拜跪而請少時風起西南馮馮萬鼓之震回視四山雲霧坌起昏黑若深夜衆相顧肅然炊五斗黍頃□□息林木漸可見驟雨隨作潭心洶洶有聲水波沸騰有動物出波上往視之黿也其大三指其色塗黃衆知龍君□□所致潔器皿迎致之余復拜跪而禱曰神龍之靈紀于圖經傳于父老之口乃今得之目擊甘雨沛然此鄉之人既□其澤矣爰即縣署奉安以祈終惠使百里之間均受其賜將立廟刻石以永神之豐功也因奉迎至山下視靈物已□如掌色正青如染藍目睒睒然與蕭絕異當是時雨勢

猶未止環山暵田之水無慮五寸田夫畊者耨□分秧而植者野中如織懽呼之聲相聞晚至縣署明月縣長吏率父老手香来謁僧道士各以其教嚴齋醮事雨遍百里優渥沾□數日而後霽乃奉靈物返于故所雨復作山下若謝送者然月之二十有四月也嗚呼若神者可謂靈也已山陰為東南負山西北濵江海高下之□歲有旱澇之虞斯民之生以神龍為司命文秀承乏茲邑惟民食是憂今也以神之靈農夫得肆力畎畝而有冀於豐稔可不思所以

報哉且夙有諾於神明矣乃命□胥夷其路之尤險者立

廟山椒肖神

像而奉焉廟成偕邑人具牲牢以揭虔妥靈遂記神之靈
饗刻于樂石使後之人嚴事修葺永永弗怠而神孚佑
饗答得百里之民永有依怙此建立祠宇之意也
至元五年歲在己卯十月吉日士民金□祥等立石
正德十二年歲在丁丑四月吉旦
文林郎山陰縣知縣大庾孫瓊重立　縣丞闕
邑人王廷□鐫
按嘉泰志銅井瑞澤龍王廟在縣西七十里七十蓋
三十之誤記不叙神曾有封號且云立廟肖像則宋
時之廟圮廢久矣潭在岡上距廟約數百步許碑經
明代復建必以祈求有應若越中近日請禱皆在會

稽義峰山徑平夷官民便於趨事幾不知有銅井者
然吾越恃三江為蓄洩近聞多滲漏旱乾頻告銅井
素著靈異似不當遺是在軫念民瘼者靡神不舉爾
碑中申屠綗（絅）當作駧（駉）文亦頗有譌字皆因重刻致誤

紹興縣志採訪稿